ARCHITEKTUR BERLIN

BAUKULTUR IN UND AUS DER HAUPTSTADT

Bau–Kunst

Vor kurzem war ich zu einer Anhörung im Ausschuss für kulturelle Angelegenheiten des Berliner Abgeordnetenhauses eingeladen. Auf der Tagesordnung standen Wettbewerbe für Kunst am Bau in Berlin. Dabei fielen einige bemerkenswerte Sätze mit dem Tenor, Street Art und Kunst am Bau seien vor allem dort nötig, wo es gelte, angebliche Verbrechen der Architektur zu kaschieren. Solch populistischer Unfug aus dem Mund eines Abgeordneten – noch dazu im Kulturausschuss des Landes! – macht klar, dass ein anderes Bewusstsein für das Verhältnis von Kunst und Architektur entstehen muss.

Kunst ist weit mehr als nur Ornament; sie steckt im Kern der Architektur selbst. Baukunst muss endlich als solche, und das heißt: als Kunst, ernst genommen werden. Warum werden Bauten nicht mit dem Namen ihrer Urheber und Urheberinnen signiert? Und warum werden noch immer Fotos und Berichte über aufregende Bauten veröffentlicht, bei denen zwar Rechte am Bild beachtet werden, Architekten und Architektinnen aber ungenannt bleiben?

Ob ein Gebäude, eine Siedlung oder eine Grünanlage als Baukunst gelten darf, ist dabei keine geschmäcklerische Frage des Stils. Die Frage des Gelingens ist vielmehr meist damit verbunden, welche Rolle unserem Berufsstand zugebilligt wird. Viel zu viele Projekte in Berlin werden ohne qualitative Ansprüche an ihre Architektur realisiert. Oder kompetente Architektinnen und Architekten werden beauftragt – um sie dann auf halber Strecke zu entmachten. Oder man zieht sie viel zu spät hinzu, um Gebäude durch reine Fassadenarbeit zu verschlimmbessern. Welche Ergebnisse die Baukunst zeitigen kann, wenn Entwurf, Planung und Realisierung in Händen qualifizierter Fachleute liegen, machen die Projekte dieses Buches überdeutlich.

In Berlin wird in den nächsten Jahren der Wohnungsbau eine besondere Rolle spielen. Noch dominieren bei den Fertigstellungen – auch das belegt dieses Buch – private Bauwerke für innovationsfreudige Bauherrinnen und Bauherren. Doch gerade in der Breite gilt es, auf Qualität zu achten – nicht nur mit Blick auf das einzelne Gebäude, sondern auf das gesamte Stadtbild und den öffentlichen Raum. Entscheidend dafür wird sein, wie Berlin mit dem immensen kreativen Potenzial umgeht, das dieser Stadt zu Gebote steht. Sicher ist: Wir übernehmen gerne Verantwortung für die Qualität unserer Werke – solange wir auch die Befugnisse haben, die nötig sind, um Bau und Kunst in hoher Qualität zu liefern.

Dipl.-Ing. Christine Edmaier
Präsidentin der Architektenkammer Berlin

Wohnen

Das Schöne im Guten – Ästhetische und andere
Trends im nachhaltigen Planen und Bauen
Louis Back 8

01	Wohnen Charlotte	14
02	Wohnhäuser an der alten Stadtmauer Berlin	16
03	Zug um Zug	18
04	Dennewitz Eins	20
05	InvalidenHaus Berlin	22
06	Monohaus	24
07	Wohnbebauung Rigaer Straße 67	26
08	c_13	28
09	New Horizon Penthouse	30
10	update 2013 – Wohnung D Berlin	32
11	Kubus	34
12	Wohnen und Arbeiten in der Torfremise, Schechen	36
13	Atelierhaus am See	38
14	Haus Paladino – Wohnen | Ateliers	40
15	Haus SLM	42
16	Haus Wandlitz	44
17	EinMannHaus	46
18	Patiohaus Freital	48
19	Townhouse P17	50
20	Restaurierung und Erweiterung zweier barocker Stadthäuser	52

Büro, Handel & Gewerbe

Arbeit to go –
Coworking Spaces in Berlin
Cornelia Dörries 54

21	Ferienremise Berlin	58
22	Malzfabrik Berlin & Next	60
23	Studio 211	62
24	Elegante Kurven – Umbau einer Büroetage in Berlin	64
25	Psychotherapeutenkammer Berlin	66
26	DEAN	68
27	Haus am Max-Reinhardt-Platz	70
28	CALEIDO Stuttgart	72
29	Büropark Mollstraße	74
30	Fassadensanierung Haus des Rundfunks Berlin	76
31	Umbau und Nutzungsänderung Kaufhaus Moabit	78
32	Neubau Werk II	80

Inhalt

Verkehr & Versorgung

Hürden im Untergrund – Wie Verkehrs- und
Versorgungsnetze im Boden das Bauen beeinflussen
Stefan Strauß 82

- **33** Gleichrichterwerk GW106 86
- **34** Messe Frankfurt – Tor Nord 88
- **35** Parkdeck Landesgartenschau Deggendorf 90
- **36** Fuß- und Radwegbrücke über die Donau 92
- **37** Brücke Stadtpromenade am Finowkanal 94

Gesundheit, Freizeit & Soziales

Export oder Hilfe zur Selbsthilfe? – Sozial- und Gesundheitsbauten für unterentwickelte Regionen
Friederike Meyer 96

- **38** Vogelhaus Zoologischer Garten Berlin 100
- **39** Sanierung und Erweiterung Stadtbad Gotha 102
- **40** Soteria Berlin 104
- **41** Sozialtherapeutische Werkstätten 106
- **42** Ein Pflegeheim für obdachlose Menschen 108

Bildung & Wissenschaft

Made in Berlin – Deutsche Auslandsschulen
in Peking, Warschau und Madrid
Simone Hübener 110

- **43** Kita der Ev. Kirchengemeinde Oberneuland 114
- **44** Kita Kinderland Wittstock/Dosse 116
- **45** Kinderkrippe Landkreis Cloppenburg 118
- **46** Kinderzentrum Pestalozziplatz 1 120
- **47** Wilhelm-von-Humboldt-Gemeinschaftsschule 122
- **48** Steinwald-Schule 124
- **49** :envihab – Institut für Luft- und Raumfahrtmedizin ... 126
- **50** Fritz-Lipmann-Institut (FLI) 128

Kultur

An der Legende bauen –
Neue Meisterhäuser und Museen für das Bauhaus
Michael Zajonz 130

- **51** Neubau zum Kleist-Museum 134
- **52** 1914 – Mitten in Europa, Kokerei Zollverein Essen 136
- **53** Vitrine 138
- **54** Gedenkstätte Hohenschönhausen 140

Freiraum

Parks statt Mauern – Grüne Freiräume als Orte der Erholung
und Erinnerung an der ehemaligen innerstädtischen Grenze
Constanze A. Petrow 142

- **55** Gedenkstätte an der Judentreppe 148
- **56** KIT Campus 150
- **57** Freiflächengestaltung Campus Westend
  der Goethe-Universität 152
- **58** Kesselbrink Bielefeld 154
- **59** Marktplatz Mönchengladbach-Rheydt 156
- **60** Inside-Out: Der Anger 158
- **61** Stadtumbau und Remspark 160
- **62** Spreehafen IBA Hamburg 2013 162
- **63** Energieberg Georgswerder 164

Stadtplanung

Was lange währt – Das Umfeld des
Berliner Hauptbahnhofs gewinnt Kontur
Uwe Aulich 166

- **64** Vom städtebaulichen Wettbewerb
  zum Bebauungsplan 172
- **65** Modellquartier Neckarbogen – Fortschreibung
  der Rahmenplanung 174

Karten 6
Anzeigen 176
Architektinnen und Architekten 180
Autorinnen und Autoren 182
Fotos 182
Impressum 184

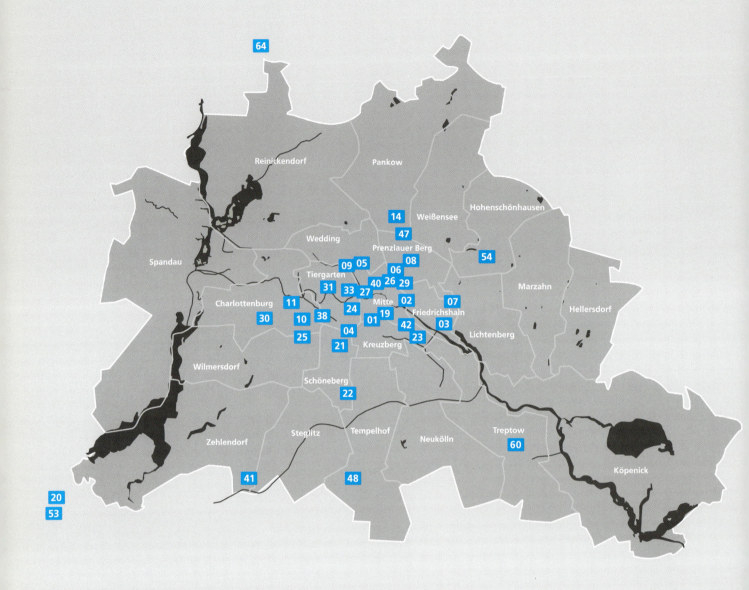

Bauen im Denkmal
20 21 22 23 30 39 44 47
51 52 54 56 57

Nachhaltiges Bauen
01 03 04 05 06 07 12 13
14 16 17 28 41 42 43 46

Innenarchitektur & Ausstellungsdesign
09 10 11 23 24 25 26 40
52 54

Baugruppe
03 04 05

Realisierte Wettbewerbsprojekte
35 36 39 41 43 45 49 50
51 54 57 58 61 63 64

01 bis 20	Wohnen
21 bis 32	Büro, Handel & Gewerbe
33 bis 37	Verkehr & Versorgung
38 bis 42	Gesundheit, Freizeit & Soziales
43 bis 50	Bildung & Wissenschaft
51 bis 54	Kultur
55 bis 63	Freiraum
64 bis 65	Stadtplanung

Projekte in und aus Berlin

Dieses Buch stellt 65 Projekte von Mitgliedern der Architektenkammer Berlin vor, die zwischen Sommer 2013 und Sommer 2014 in Berlin und andernorts fertiggestellt wurden. Es sind Arbeiten aus Architektur, Innenarchitektur, Landschaftsarchitektur und Stadtplanung. Die Auswahl zusammengestellt hat ein Gremium, dem sieben Fachleute angehörten: Prof. Ulrike Lauber, Architektin im Münchener Büro lauber + zottmann und seit 1999 Professorin an der Beuth Hochschule für Technik in Berlin, Prof. Heiko Lukas, Präsident der Architektenkammer Saarland, der Architekt Pim Köther vom Büro KENK architecten aus Amsterdam, Johann Haidn, Innenarchitekt und Schatzmeister des Bunds Deutscher Innenarchitekten, der Landschaftsarchitekt Heiner Luz aus München, die Stadtplanerin Juliane Schonauer, Leiterin des Sachgebiets Stadterneuerung in Hannover, und Dr. Wolfgang Bachmann, freier Autor und langjähriger Herausgeber der Zeitschrift „Baumeister".

Das Schöne im Guten
Ästhetische und andere Trends im nachhaltigen Planen und Bauen

Materialität im Fokus: Wohnzimmer mit Hochbahnblick im Projekt Dennewitz Eins (links), Terrasse am Haus Wandlitz (oben)

Einfamilienhäuser sind kein sehr nachhaltiger Bautyp. Städtebaulich sind sie der dichteren Stadt in fast jeder Hinsicht unterlegen. Die lockere Bebauung ist energetisch ungünstig, frisst Flächen, verursacht lange Wege und mehr Autoverkehr. Das ist eine Seite der Medaille. Die andere: Neue, nachhaltige Baumaterialien und Bauweisen halten oft gerade hier als Erstes Einzug. Das hat einen simplen Grund: Die meisten Einfamilienhäuser sind Eigenheime. Wer für sich selbst baut, lässt gern mit Weitblick planen. Deshalb ist Innovationsfreude unter Häuslebauern verbreiteter als anderswo. Hier finden sich viele Bauherrinnen und Bauherren, bei denen Neuerer unter den Architekturbüros auf offene Ohren stoßen. Die langfristige Bindung ans Bauwerk ebnet zudem den Weg für Justierungen im Betrieb – ein Kernelement wirklich nachhaltiger Projekte. „Ohne solche Bauherren geht gar nichts", meint Theresa Keilhacker, Vizepräsidentin der Architektenkammer Berlin. Der auf nachhaltiges Bauen spezialisierte Architekt Eike Roswag ging unlängst in einem Interview noch weiter: „In unserer Arbeit treffen wir auf eine eher offene Gesellschaft, die aber Lösungen von uns erwartet, denen sie trauen kann. Die Unlust zu Reformen ist bei manchen Fachleuten bedeutend größer als bei Menschen, die von schlechten Gebäuden betroffen sind."

Sicher: Auch im Geschosswohnungsbau ist heute nachhaltiges Planen und Bauen gefragt. Doch die Baukosten sind und bleiben ein Problem, vor allem, weil weiter in kurzfristigen Zyklen der Amortisierung gedacht (und gehandelt) wird. Erster Ansatzpunkt ist deshalb – neben der Dämmung – meist die Haustechnik. Wie diese verspricht sie eine immerhin teilweise Refinanzierung durch sinkende Betriebskosten. Lüftungsanlagen mit Wärmerückgewinnung, Holzpelletsfeuerungen, Gasbrennwertkessel, Blockheizkraftwerke (die es längst auch im Miniformat fürs Eigenheim gibt), thermische und photovoltaische Solaranlagen, Schichtenspeicher, Flächenheizkörper, Wärmepumpen und Geothermiesonden auf der anderen Seite – der Baukasten ist gut bestückt. Zum nachhaltigen Erfolg führen indes erst maßgeschneiderte Konzepte, die diese Bausteine durchdacht verknüpfen und in einen weiter gefassten Kontext setzen, der Dämmung, nutzungsbezogene und konstruktive Aspekte einschließt. Wo dies geschieht, lassen sich auch mit konventionellen Baumaterialien überzeugende Energiewerte erzielen, wie das Projekt Wohnen Charlotte von Michels Architekturbüro (S. 14/15) eindrücklich belegt.

In der Breite wird die Energiedebatte in Deutschland aber mit einer Überbetonung standardisierter Wärmedämmsysteme popularisiert. Selbst wo dies als Sackgasse erkannt wird, bleibt Nachhaltigkeit meist auf die Frage von Energieeffizienz und Betriebskosten reduziert. Dabei reicht der Begriff sehr viel weiter. Neue Projekte Berliner Architektinnen und Architekten belegen das – und loten Spielräume aus. Sie zeigen: In seiner ganzen thematischen Breite bietet der Begriff noch viel Raum für unangepasstes Denken. Nachhaltige Baumaterialien und Bauweisen, der Lebenszyklusansatz für Gebäude, die Rolle der grauen Energie, stadträumliche, soziale und gesellschaftliche Aspekte stehen derzeit im Fokus. Erstaunlich ist, dass sich mit diesen Ideen auch neue ästhetische Vorlieben verbreiten. Was gut ist, gilt plötzlich auch als schön. Diese ästhetische Trendwende könnte neue Wege ebnen, auf denen die Idee der

Aus Alt mach Neu: Torfremise am alten Standort, nach dem Abbau und am neuen Ort (von links nach rechts), Altholzverkleidung im Haus Paladino (rechts unten)

Nachhaltigkeit – mehr als 20 Jahre nach ihrer Formulierung in Rio – doch noch in der Breite der Baukultur ankommt.
Stichwort Baumaterialien: Alte Baustoffe wie Holz und Lehm sind auf dem Vormarsch. Gerade Holz verzeichnet im Mehrgeschossbau einen bemerkenswerten Aufschwung. Als 2008 das Wohnhaus e3 des Büros Kaden Klingbeil fertig war, galt es als Sensation: das europaweit erste siebengeschossige Mehrfamilienhaus mit Außenwänden aus Massivholz! Seither hat sich viel getan. In aller Welt findet die Holzbauweise Zuspruch. Schon mutmaßen Fachleute, Holz könnte in gleicher Form zum Baustoff des 21. Jahrhunderts werden, wie es Beton im 20. Jahrhundert war. Laufend werden neue Einsatzgebiete erschlossen, in denen Holz – hohe Vorfertigungsgrade vorausgesetzt – auch wirtschaftlich eine Alternative sein kann. In Schweden und Kanada sind bereits Wohntürme mit 34 und sogar 50 Stockwerken in Holzbauweise in Planung.

Doch nicht Gigantomanie in der Höhe ist das Faszinierende am Holzbau. Er punktet vor allem in Sachen Ressourcenverantwortung. Bis zur Hälfte der nicht erneuerbaren Ressourcen verbraucht der Bausektor. Diesen Anteil könnte der nachwachsende Rohstoff Holz deutlich senken. Auch beim Raumklima bietet Holz unverkennbare Vorteile. Und schließlich sind im Holzbau trennbare Verbindungen besonders gut zu realisieren. Das macht es leichter, Gebäude im Lauf ihres Lebens umzubauen und am Ende ihres Lebenszyklus Materialien und Bauteile wiederzuverwenden.

Denn in jedem fertigen Gebäude steckt jene Energie, die beim Bauen aufgewendet wurde. Fachleute sprechen von „grauer Energie". Substanzerhalt ist deshalb in mehr als einer Hinsicht nachhaltig. Er verhindert die Investition von Energien und Ressourcen, die ein Neubau nötig macht. Er bewahrt die graue Energie, die im Bestand bereits gebunden ist. Und er steht für einen bedachten Umgang mit der Ressource Baukultur.

Ein anschauliches Beispiel dafür liefert das Projekt Torfremise (S. 36/37). Zusammen mit einem engagierten Bauherrenpaar rettete das Büro Roswag Architekten mit Guntram Jankowski einen historischen Holzstadel in Bayern vor dem Abriss. Balken um Balken wurde das Bauwerk abgetragen, dokumentiert, an neuer Stelle unweit des alten Standorts wieder aufgebaut und ein Niedrigenergiehaus geschickt in die Struktur integriert. Das Selbstbauprojekt ist zugleich Beleg einer spezifischen Ästhetik: Um Verwerfungen und Zeitläufte sichtbar zu machen, heben sich Ersatzbauteile des Gebälks erkennbar ab.

Dass beim Neubau in der Torfremise neben Holz auch Lehm als Baustoff zum Einsatz kam, muss nicht verwundern. Der Ingenieur Christof Ziegert ist nicht nur Kooperationspartner des Architekturbüros, sondern auch ausgewiesener Experte in Sachen Lehmbau. Ziegert war eine treibende Kraft für die Normierung von Lehmbaustoffen durch das Bundesamt für Materialprüfung, die den Weg zu einem Einsatz in größerer Breite geebnet hat. Lehmputz kann Feuchtigkeit aufnehmen. Beim Neubau in der Torfremise sorgt diese Qualität im Zusammenspiel mit einer diffusionsoffenen Bauweise für eine natürliche Regulierung des Raumklimas. Eine Lüftungsanlage war so verzichtbar – trotz luftdichter Gebäudehülle.

Immer häufiger kommen bei Bauten, die auf Nachhaltigkeit achten, aufgearbeitete Materialien zum Einsatz. Upcycling heißt das Stichwort der Stunde. Böse Zungen behaupten, das neue Wort sei nötig geworden, weil dem Begriff des Recyclings noch immer der Hautgout schlammfarbener Schmuddelpapiere anhinge. Doch die Differenzierung des Recyclings in Up- und Downcycling ist mehr als alter Wein in neuen Schläuchen. Upcycling beschreibt ein Inwertsetzen vorhandener Stoffe. Besser machen, statt zerschlagen heißt die Devise.

Mittlerweile ist die Idee selbst im qualitätsorientierten Segment angekommen – nicht nur in der Architektur. Ein exklusiver Möbelhersteller etwa wirbt derzeit für seine Massivmöbel aus aufgearbeitetem Altholz mit dem Hinweis, erst das Altholz mache die Stücke zu Unikaten, deren Oberflächen „ihre eigene Geschichte mitbringen". Bodenständiger, aber um keinen Deut weniger elegant macht sich diese Ästhetik das Haus Paladino des Büros Helm Westhaus zu eigen (S. 40/41). Die Wände des durch und durch dem nachhaltigen Bauen verpflichteten Stadthauses sind – wo sie nicht Lehmputz zeigen – mit aufgearbeiteten Dielen verkleidet. Das Gute, so die Botschaft, bringt seine eigene Ästhetik mit.

Diese Ästhetik spiegelt sich auch auf anderer Ebene – dort, wo Erhalt und Wiederverwendung den gesamten Bestand in den Blick fassen: nicht nur einzelne Baustoffe oder -elemente, sondern das ganze Bauwerk und selbst sein Umfeld und die Rolle, die es darin spielt. Das Vorgefundene zu erhalten und sinnfällig zu ergänzen, kann Standorte nachhaltig profilieren. Gerade der Rückgriff auf lokale Bautraditionen hilft, überkommene Dorf- und Siedlungsstrukturen zu revitalisieren. Neben der Torfremise macht dies auch das Atelierhaus am See vor (S. 38/39). Der Neubau von werk A architektur schließt eine Lücke in der Dorfstraßenbebauung eines kleinen Ortes im Biosphärenreservat Schorfheide-Chorin – und tut das mit einer gestalterischen Sensibilität, die dieser besonderen Situation verpflichtet ist.

Bleiben die gesellschaftlichen Dimensionen der Nachhaltigkeit. Dort lautet die erste Kernfrage: Wie wollen wir wohnen? Und wie viel Raum beanspruchen wir dabei? Denn ein reduzierter Platzbedarf kann auch den ökologischen Fußabdruck einer Person verkleinern. Neue Wertvorstellungen (und eine damit einhergehende Ästhetik) schicken sich an, in den Köpfen der Nutzer und Nutzerinnen anzukommen. Exklusive Eigenheime jedenfalls definieren sich heute nicht mehr zwangsweise über ihre Quadratmeterzahl und eine nicht selten überkandidelte Ausstattung. Purismus und Entschlackung sind angesagt – etwa beim EinMannHaus von Anne Lampen Architekten (Seite 46/47) oder beim Haus Wandlitz des Büros 2D+ | 2Dplus Architekten (Seite 44/45).

Der Flächenverbrauch steht auch bei der zweiten Kernfrage im Zentrum – allerdings in einem urbanen Kontext: Wie dicht wünschen wir uns die Stadt? Als städtebaulich und stadträumlich nachhaltig gilt eine Verdichtung mit Augenmaß. Das schließt die Bebauung von (Rest-)Flächen ein, die lange als unbebaubar galten. Beispiele gibt es viele: Das Projekt Dennewitz Eins etwa entstand auf einem Grundstück an der Hochbahn, das kein Bauträger entwickeln wollte (S. 20/21). Auch die beiden Neubauten Zug um Zug (S. 18/19) komplettieren in Friedrichshain einen Block an den Gleisen, der für Investoren als Standort wohl zu riskant gewesen wäre.

Dass beide Vorhaben Baugruppenprojekte sind, ist symptomatisch und deutet auf die dritte Kernfrage: Wem gehört die Stadt? Weniger attraktive Grundstücke sind günstiger zu haben – und deshalb bei Baugruppen gefragt. Der Stadt kommt das nicht nur in Sachen Verdichtung zugute: Traditionelle Investorenvermieter legen das Augenmerk auf eine Amortisierung in absehbarer Zeit. Kurze Investitionszyklen bedeuten aber auch kurze Lebenszyklen – zulasten der Nachhaltigkeit. Alternative Formen der Bauherrenschaft im städtischen Wohnen umschiffen diese Klippe und liefern heute oft Stadtentwicklung aus privater Hand. Diese neuen Formen sind in den letzten zehn, fünfzehn Jahren überall in Berlin getestet worden. An vorderster Front stehen auch hier Selbstnutzer und Selbstnutzerinnen, die sich in Baugruppen oder Baugenossenschaften zusammenschließen.

Etliche Architekturbüros haben das als Chance erkannt und sich spezialisiert. Nicht selten fungieren sie selbst als Kristallisationspunkte der neuen Interessen. Dass die Zusammenschlüsse, die es zu betreuen gilt, immer größer werden, macht es Architektinnen und Architekten aber nicht eben einfach. Wer solche Projekte planen will, kommt nicht umhin, die Rolle eines Gruppenleiters zu übernehmen. Mit der Zahl der Beteiligten steigt exponentiell der Bedarf an Abstimmung und Ausgleich. Etliche Büros gehen deshalb mittlerweile denselben Weg wie ihre Auftraggeberinnen und -geber: Sie tun sich zusammen. Dennewitz Eins etwa realisierten drei Büros gemeinsam: DMSW architektur, sieglundalbert architekten und roedig . schop architekten. Zug um Zug entstand für eine von drei Baugruppen, deren Projekte gleich sechs Büros betreuten: büro 1.0 architektur+, FAT KOEHL Architekten,

Louis Back

Befreit von der Öko-Ästhetik: Haus Wandlitz (links), Besprechungsraum SMAP Seeger Müller Partnerschaft im InvalidenHaus Berlin (rechts)

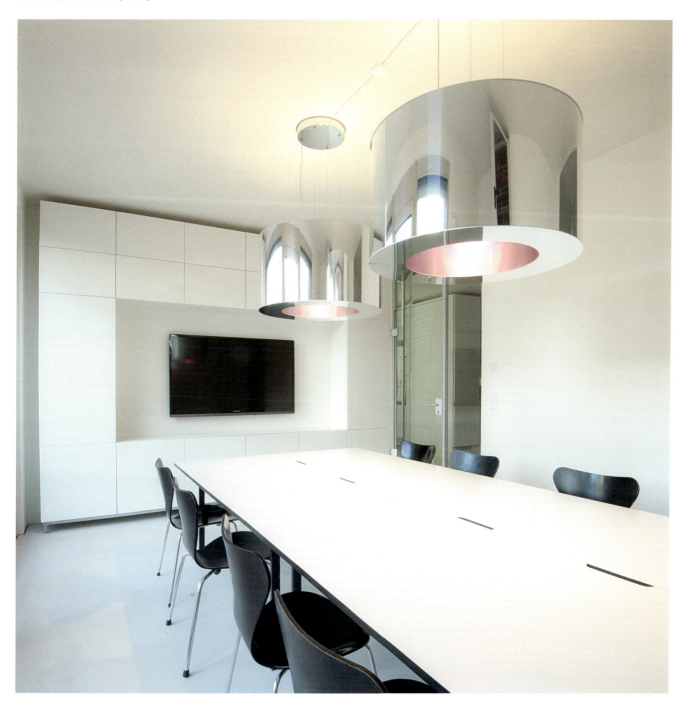

Stahl Denninger Planungsgesellschaft, Steinhilber Plus, der Landschaftsarchitekt Georg Wasmer und pro.b als übergeordneter Projektsteuerer.

Die neue Berufsrolle, die sich für Architektinnen und Architekten ergibt, kann sogar noch über die eines Initiators hinausgehen – und bis zu Landlord-Ansätzen reichen. Beim InvalidenHaus (S. 22/23) fanden sich mit walk | architekten und SMAP Seeger Müller Architekten Partnerschaft zwei Büros zusammen, die heute selbst im realisierten Projekt residieren. Als Selbstnutzende sind sie weiterhin dauerhafte Ansprechpartner der anderen Parteien vor Ort. In gewisser Weise kehrt so der klassische, verantwortliche Hausbesitzer-Vermieter der Vormoderne in neuer, veränderter Form zurück. Das mag überraschen, ist aber nur ein weiterer Beleg dafür, dass nachhaltiges Planen und Bauen derzeit zwar eine zunehmend starke ästhetische Dimension an den Tag legt, am Ende aber vor allem einer altbekannten Qualität neuen Auftrieb bringt: der traditionell hohen gesellschaftlichen Verantwortung von Architektinnen und Architekten.

Wohnen Charlotte

Charlottenstraße 19　BGF 2.550 m²　　Michels Architekturbüro GmbH　　Bauherr: WI CONCEPT GmbH & Co. KG
10177 Berlin　　　　BRI 10.150 m³　　www.mic-arc.de

Wohnzimmer

Neubau eines Apartmenthauses mit zwei Gewerbeeinheiten und drei Einzelgaragen im Erdgeschoss. Der frei stehende Neungeschosser belegt unweit des Checkpoint Charlie ein Eckgrundstück im Blockraster der Friedrichstadt. Balkone und Erker sind einseitig ausgestellt. Das verleiht der Fassade ihre an Schuppen erinnernde Rhythmik und spitzt die Ecksituation optisch zu. Um die Fassade nicht durch grobe Brüstungen zu stören, kamen filigrane Netze aus Edelstahl zum Einsatz. Die zu den Straßen gelegenen Außenseiten der insgesamt 28 Wohnungen sind raumhoch verglast. Die drei Penthousewohnungen in den obersten beiden Etagen sind als Maisonettes angelegt. Auf ihrer zweiten Ebene – im zurückgestaffelten 8. Obergeschoss – bietet jede von ihnen Raum für eine eigene Sauna. Der Primärenergiebedarf des Hauses liegt bei 35,9 kWh/m²·a.

Grundriss 3. und 5. OG

Ansicht von der Straße

Wohnhäuser an der alten Stadtmauer

| Waisenstraße 30 | BGF 1.700 m² | **Atelier Zafari** | Bauherrin: Just Living GmbH |
| 10179 Berlin | BRI 7.890 m³ | www.atelier-zafari.com | |

Küche Maisonette

Ansicht von der Straße

Lichthof Townhouse

Maisonette

Neubau eines Komplexes mit Wohnungen und Townhouses im Berliner Klosterviertel zwischen Spree und Alexanderplatz. Das Bauwerk entstand auf einem sehr unregelmäßig geschnittenen Grundstück. Die schmale Front zur Straße dominieren versetzte Fenstereinschnitte mit Terrassen. Das Erdgeschoss ist von der weißen Putzfassade darüber abgesetzt. Hier liegen der Hauptzugang und die Tiefgaragenzufahrt. Zum Hof erweitert sich der Komplex in ein vielfach gestaffeltes, labyrinthisches Raumgefüge mit geschossübergreifenden Verglasungen, Terrassen, Einschnitten, Höfen, Patios, einem privatem Pool im 3. Obergeschoss und einem schmalen, von einer weißen Mauer eingefassten Gartenbereich.

Rückansicht (oben), Wohnzimmer Maisonette (unten)

Zug um Zug

Helmerdingstraße 5–7
10245 Berlin

BGF 2.750 m²
BRI 12.075 m³

büro 1.0 architektur+ und Stahl Denninger Planungsgesellschaft GmbH & Co. KG
www.buero-1-0.de

Bauherrin: Baugemeinschaft Zug um Zug

Ansicht Haus F und G von Westen

Ansicht vom Hof

Eingangsbereich Haus F

Grundriss 2. OG

Lage

Neubau zweier Häuser für eine Baugemeinschaft. Das Projekt ist Teil eines Vorhabens, mit dem drei Baugruppen eine Bombenbrache nahe des Ostkreuzes, auf der noch ein Altbau stand, wieder als Wohnblock belebt haben. Fünf Büros haben dafür insgesamt acht Häuser realisiert. Tiefgarage und Gartenhof nutzen die Bewohnerinnen und Bewohner gemeinsam. Gestalterisch wurden die Häuser – abgesehen vom Farbkonzept – eigenständig entwickelt. Die Häuser F und G der Baugruppe Zug um Zug bilden die Südwestecke des Blocks. In ihnen liegen 20 Wohnungen, zwei Maisonettes und eine Gewerbeeinheit. Haus F bietet Familienwohnungen mit fünf Schlafzimmern und Individualwohnungen, allesamt mit Loggien zum Hof. Im Haus G öffnen Erker den Blick auf die S-Bahn. Weite Schallschutzfenster halten das Großstadtleben als Stummfilm präsent. Die beiden Häuser erfüllen den KfW 55-Standard. Ihr Primärenergiebedarf liegt bei 50,6 kWh/m²·a.

Ansicht von Süden

Dennewitz Eins

Dennewitzstraße 1
Pohlstraße 1–5
10785 Berlin

BGF 5.750 m²
BRI 20.300 m³

Arge D1 (DMSW architektur, sieglundalbert architekten, roedig . schop architekten)
www.roedig-schop.de
www.freiearchitekten.de
www.dmsw.net

Bauherrin: Baugemeinschafts-GbR DENNEWITZEINS/D1

Wohnzimmer

Grundriss 3. OG

Neubau eines Wohn- und Geschäftsensembles für eine Baugruppe an der Hochbahn. Der Komplex besteht aus drei Einzelhäusern (mit einheitlicher Fassade und gemeinsamer Dachterrasse), die jeweils von einem Architekturbüro geplant wurden. Jedes Büro betreute so eine Hausgruppe mit 13 bis 14 Wohnungen. Die Grundrisse erlauben es, Wohnen und Arbeiten zu kombinieren. Sie sind auf die Nutzerinnen und Nutzer zugeschnitten und wurden mit ihnen erarbeitet. Das schließt auch Größe und Lage der 300 Fenster (im Rahmen vereinbarter Höhenlinien) ein. Als kostengünstige Wärmedämmung dient ein Verbundsystem mit Armierung, aber ohne Oberputz. Darüber legt sich eine halbtransparente Deckschicht aus goldfarbenen Stahlgitterelementen. Sie gewährleisten vor bodentiefen Fenstern und Loggien auch die Absturzsicherung.

Lageplan

Ansicht vom Hof (oben), Wohnzimmer (unten links), Balkon mit Blick zur Hochbahn (unten rechts)

InvalidenHaus

Invalidenstraße 7
10115 Berlin

BGF 2.350 m²
BRI 9.450 m³

walk | architekten und SMAP Seeger Müller
Architekten Partnerschaft
www.walk-architekten.com
www.seegermueller.de

Bauherr: GbR Invalidenstraße 7

Wohnzimmer

Bibliothek

Grundriss 3. OG

Büroräume walk | architekten

Neubau eines sechsgeschossigen Wohn- und Geschäftshauses für eine Bauherrengemeinschaft mit zehn Parteien. Im Erdgeschoss liegen zwei Arztpraxen, die direkt von der Straße zugänglich sind. Drei Architekturbüros, das Atelier einer Künstlerin und eine private, zweigeschossige Bibliothek sind in den beiden Ebenen darüber untergebracht. Die oberen Geschosse beherbergen zwölf individuell zugeschnittene Wohnungen von 35 bis 180 Quadratmetern und ein bis fünf Zimmern. Alle Schlafzimmer liegen zum Hof. Konstruktiv handelt es sich um einen Stahlbetonskelettbau mit Wärmedämmverbundsystem und mineralischem Strukturputz. Beheizt wird das barrierefreie Niedrigenergiehaus mit einem Blockheizkraftwerk und einer Gasbrennwerttherme. Alle Räume werden durch eine Lüftung mit Wärmerückgewinnung versorgt. Senkrechtmarkisen gewährleisten den Sonnenschutz. Der Gesamtenergiebedarf liegt bei 49,1 kWh/m²·a.

Ansicht von der Straße

Monohaus

Christinenstraße 39　　BGF 880 m²　　**zanderroth architekten**　　Bauherrin/Bauherr:
10119 Berlin　　　　　BRI 3.225 m³　　www.zanderroth.de　　　　Angela Knewitz und Stefan Karl

Wohnbereich

Grundrisse EG bis 6. OG

Neubau eines Mehrfamilienhauses als Lückenschluss im Stadtteil Prenzlauer Berg. Das Gebäude ist ein Monolith aus vor Ort gegossenem, hoch wärmedämmendem Leichtbeton, der an der Straßenfassade ein leichtes, sägezahnartiges Relief ausbildet. In die Betonhülle sind große, transparent beschichtete und dreifach verglaste Lärchenholzfenster eingefügt, die das Haus von den Lochfassaden der benachbarten Gründerzeitbauten absetzen. Neben der Maisonette der Eigentümer finden in dem Siebengeschosser vier Wohnungen und – im Erdgeschoss – eine Doppelgarage Raum. Ein Blockheizkraftwerk im Keller erzeugt Strom und Wärme für das Gebäude. Das Haus erhielt eine Anerkennung im vom BDA und dem InformationsZentrum Beton ausgelobten Architekturpreis Beton 2014.

Ansicht von der Straße

Wohnbebauung Rigaer Straße

Rigaer Straße 67
10247 Berlin

BGF 5.450 m²
BRI 18.110 m³

Stephan Höhne
Gesellschaft von Architekten mbH
www.stephan-hoehne-architekten.de

Bauherrin: gsp Gesellschaft für Städtebau und Projektentwicklung Berlin mbH

Grundriss Normalgeschoss

Neubau eines siebengeschossigen Wohnhauses mit Gewerbenutzung im Erdgeschoss. Der Laden nimmt die gesamte Tiefe des Grundstücks ein. Dadurch liegt der Gartenhof im ersten Obergeschoss und erhält mehr Licht. Das Haus lässt – wie sein Gegenüber auf der anderen Straßenseite – einen Vorplatz an der Straßenecke frei und erweitert so die Kreuzung zu einem angedeuteten kleinen Platz. Zugleich trennt dieser Vorplatz den Zugang zum Laden von dem zu den Wohnungen an der Rigaer Straße. In den sechs Obergeschossen liegen 46 Wohnungen, die sich nach Süden und Westen orientieren. Erschlossen werden sie über zwei Treppenhäuser mit Aufzug an der Hofseite. Die Schlafzimmer der durchgesteckten Wohnungen liegen zum Hof. Das Gebäude entstand nach KfW 70-Standard. Seine Gesamtenergieeffizienz liegt bei 36,7 kWh/m²·a.

Ansicht von Südwesten

c_13

Christburger Straße 13
10405 Berlin

BGF 2.850 m²
BRI 9.200 m³

Kaden + Partner
www.kadenundpartner.de

Bauherrin: Stiftung für Bildung. Werte. Leben.

Anischt vom Hof

Erkerfenster im 6. OG

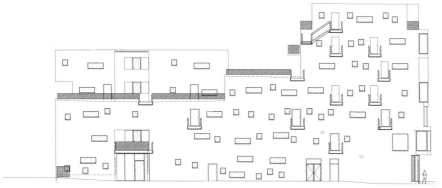
Fassade längs der Durchfahrt

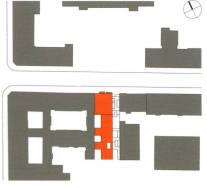
Lageplan

Neubau eines Familien-, Bildungs- und Gesundheitszentrums in Holzbauweise. Das Ensemble aus siebengeschossigem Vorder- und fünfgeschossigem Hinterhaus schließt eine Baulücke im Stadtteil Prenzlauer Berg. Neben Veranstaltungs- und Begegnungsräumen sind im Haus ein Bistro, die Mensa der benachbarten Schule, eine Kita, ein Familienzentrum, Praxen, Büros, Wohnungen und eine Seniorenwohngruppe untergebracht. Treppentürme entstanden neben dem Gebäude. Dadurch bleibt eine Durchfahrt zum Schulgelände dahinter frei. Zudem erhält das Ensemble so eine dritte Fassade. Sie verbessert – genau wie drei Höfe längs der anderen Brandwand – die Versorgung mit Licht und Luft. Konstruktiv überspannen Holzbetonverbunddecken ein Raster von Stahlunterzügen auf Holzstützen. Die Außenwände des Hinterhauses bestehen aus einer vorelementierten Holzrahmenkonstruktion. Massive Brettsperrholzwände steifen das Gebäude aus und bilden die tragende Fassade des Vorderhauses.

Ansicht von der Straße

New Horizon Penthouse

10115 Berlin	BGF 200 m²	**Goderbauer Architects**	Bauherr: privat
	BRI 550 m³	www.goderbauer.com	

Fenster am Essbereich

Bad

Grundriss

Ausbau einer Dachgeschosswohnung in Berlin-Mitte. Die Wohnung in einem zehn Jahre alten Neubau wurde vollständig entkernt. Podeste gliedern den offenen Wohnraum, verbergen die Haustechnik und erlauben auch im Sitzen den Blick über das Terrassengeländer. Durchscheinende Stoffbahnen blenden die unruhige Dachlandschaft aus und lenken durch Ausschnitte den Blick auf herausragende Bauten der Skyline. Für den Boden wurden raumlange Douglasiendielen gelaugt und weiß geseift. Carrara-Marmor, satiniertes Glas und eine indirekte Beleuchtung der weißen Wände und Decken schaffen einen neutralen Hintergrund für farb- und ausdrucksstarke Kunstwerke.

Wohnbereich (oben), Küche und Essbereich (unten)

update 2013 – Wohnung D

Berlin-Charlottenburg BGF 145 m² **hildebrandt.lay.architekten** Bauherr: privat
BRI 580 m³ www.hildebrandtlay.de

Arbeitszimmer mit Hochbett

Duschbad in der Box

Grundriss

Umbau, Modernisierung und Innenausbau einer Gründerzeitwohnung. Um den typischen Berliner Wohnungsgrundriss heutigen Wohnansprüchen anzupassen, wurde das Berliner Zimmer, das im Zentrum der Wohnung liegt, zur Wohnküche mit freistehendem Küchenblock und Essbereich ausgebaut. Der Bereich im Seitenflügel wurde komplett entkernt. Eine mauve-farbene Box mit zwei Duschbädern für Bewohner und Gäste und mit Schrankeinbauten gliedert ihn neu. Wo vorher die Küche war, entstand ein Schlafkabinett mit integrierter Badewanne. Maßgefertigte Einbauten bereinigen bisherige Nischen, integrieren den Stauraum in den Bestand und sorgen für eine ruhigere Optik der Räume. Zugleich erlauben sie es, durch ein Hochbett das Arbeitszimmer als Gästezimmer zu nutzen.

Wohnküche

Kubus

Behaimstraße 20
10585 Berlin

BGF 105 m²
BRI 370 m³

EYRICH-HERTWECK ARCHITEKTEN
www.eharchitekten.de

Bauherr: privat

Blick ins Bad

Küchenzeile

Blick zur Essecke

Fenster zwischen Essecke und Bad

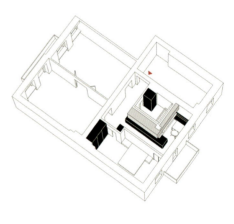
Isometrie

Umbau einer Berliner Altbauwohnung. Umgestaltet wurde vor allem die zum Hof liegende Flucht aus drei schmalen Schlauchräumen, in denen Küche, Bad und Schlafzimmer untergebracht waren. Nach dem Umbau bildet das Badezimmer einen freistehenden Raum im Zentrum der Wohnung. Küchenzeile und Frühstücksecke umlaufen diesen Kubus an zwei Seiten. Ein Schiebefenster über der Wanne verbindet das Bad mit der Essecke und versorgt es so mit Tageslicht. Einbaumöbel in diesem komprimierten Teil der Wohnung bieten viel Stauraum und halten so die beiden sorgsam wiederhergestellten, repräsentativen Räume zur Straße frei. Die Fliesen- und Dielenböden wurden mit alten Bauteilen ergänzt. Materialien wie Kirschholz setzen warme, lebendige Akzente.

Aufgeweitetes Schlafzimmer

Wohnen und Arbeiten in der Torfremise

Bahnhofstraße 3
83135 Schechen

BGF 700 m²
BRI 10.170 m³

Roswag Architekten
Gesellschaft von Architekten mbH
mit Guntram Jankowski
www.zrs-berlin.de

Bauherrin/Bauherr:
Stefanie und Emmanuel Heringer

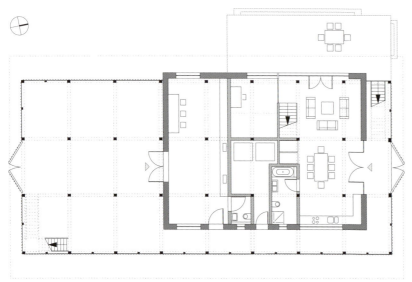

Ansicht von Westen

Grundriss EG

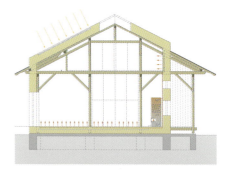

Schnitt mit Haustechnik (oben), Umgang (unten)

Umsetzung eines historischen Stadels und Integration eines Niedrigenergiehauses. Die vom Abbruch bedrohte Holzstruktur wurde demontiert und einige Kilometer vom Ursprungsort entfernt auf einer Bodenplatte aus Stahlbeton wieder zusammengesetzt. Reparierte Balkensegmente sind als hellere Einfügungen erkennbar. Dach und Wände des integrierten Neubaus liegen teils innerhalb, teils außerhalb des alten Tragwerks, das so zur Gänze sichtbar bleibt. Der Neubau beherbergt ein Einfamilienhaus mit Einliegerwohnung und Korbwerkstatt. Seine hochdämmende, diffusionsoffene Hülle mit dreifachverglasten Holzfenstern entstand aus nachwachsenden Naturstoffen: Holz, Zellulose und Lehm. Dadurch kommt der Neubau ohne Lüftungsanlage aus. Sein Primärenergiebedarf liegt bei 23,78 kWh/m²·a. Der unbeheizte Teil des einst als Torfremise genutzten Stadels dient heute als Lager für Weiden und andere Materialien.

Innenraum im OG (rechts)

Atelierhaus am See

Dorfstraße 84
16247 Friedrichswalde

BGF (Bestand) 105 m²
BGF (Neubau) 135 m²
BRI (Bestand) 280 m³
BRI (Neubau) 855 m³

werk A architektur
www.werk-a-architektur.de

Bauherr: privat

Ansicht von der Straße

Dachloggia zum See

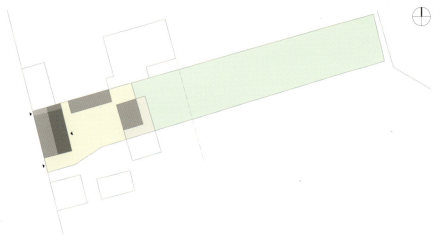

Lageplan

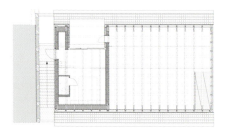

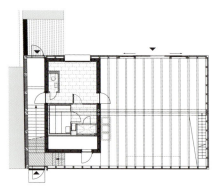

Grundrisse EG und OG

Neubau eines Werkstatt- und Ateliergebäudes mit Ferienwohnung im Biosphärenreservat Schorfheide-Chorin. Das Haus liegt mit einem 2010 erbauten Wohnhaus auf einem Seegrundstück. Es schließt eine Bebauungslücke an der Dorfstraße. Weil der Neubau unbeheizt ist, konnte die Struktur des Holzfachwerks und des Mauerwerks aus Abbruchziegeln innen und außen sichtbar bleiben. Quasi als Haus im Haus entstand ein Einbau mit Saunabereich im Erdgeschoss. Darüber liegt ein Ferienapartment mit Dachloggia zur Seeseite. Man erreicht es über eine glasüberdachte Treppe an der Wand zum Nachbargebäude. Sauna und Apartment sind als zeitweilig beheizte Bereiche mit zellulosegedämmten Holzständerwänden von der Werkstatt getrennt. Der Werkstattbereich liegt tiefer als Straßenniveau. Dadurch öffnet er sich mit einem verglasten Schiebetor niveaugleich zum Hof.

Werkstatt (oben), Ansicht vom Hof (unten)

Haus Paladino – Wohnen | Ateliers

Selma-Lagerlöf-Straße 13
13189 Berlin

BGF 480 m²
BRI 1.425 m³

Helm Westhaus
www.helmwesthaus.de

Bauherr: privat

Ansicht vom Garten

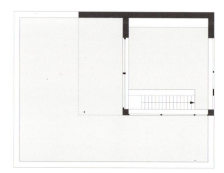

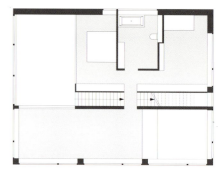

Grundrisse EG, 1. OG und 2. OG

Neubau eines Wohnhauses mit Atelier. Das Treppenhaus teilt das Gebäude in einen zwei- und einen dreigeschossigen Teil. Das Atelier besteht aus zwei Räumen. Ein Atelier liegt im 1. Obergeschoss des zweigeschossigen Teils – mit Innenfenster zum offenen Wohnbereich darunter. Der zweite Raum, den ein überdachtes Freiluftatelier auf dem Gründach erweitert, liegt im zurückgestaffelten 2. Obergeschoss. Das Haus erhielt eine unbehandelte Holzfassade über einer Holzfaserdämmung. Die Wandelemente wurden vor Ort gefertigt. Innen sind die Wände mit Lehm verputzt oder mit aufgearbeitetem Altholz verkleidet. Eine Lüftungsanlage mit Wärmerückgewinnung und eine Heizanlage mit Holzkamin, Erdwärmepumpe, Solarkollektoren für warmes Brauchwasser und zur Heizungsunterstützung sowie verbrauchsminimierende Geräte sind Kernelemente des haustechnischen Konzepts. Der Primärenergiebedarf liegt bei 54,1 kWh/m²·a.

Blick vom Ess- in den Wohnbereich (oben), Küchenblock (unten links) und Eingangsbereich (unten rechts)

Haus SLM

Goldberger Weg 49
42699 Solingen

BGF 340 m²
BRI 2.025 m³

archequipe – Freie Architekten
Sebastian Filla und Bartosz Czempiel
www.archequipe.net

Bauherr: privat

Blick von der Lounge in Bibliothek, Kamin- und Esszimmer

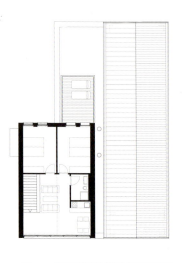

Grundrisse EG und OG

Umbau und Aufstockung eines Einfamilienhauses aus den 1970er Jahren. Der neue, dunkle Putz erinnert an die typische Schieferverkleidung älterer Häuser der Region. In dem Wohngebiet sind nur Häuser mit Satteldach erlaubt. Um das erweiterte, offene Raumprogramm unterzubringen ohne nach außen die Nachbarbauten zu degradieren, entstand eine mehrgiebelige Konstruktion über dem unterkellerten Eingeschosser. Esszimmer, Kaminzimmer und Lounge reihen sich als weitgehend offene Raumfolge um einen holzverkleideten Kern, in dem Einbauschränke, eine Garderobe und ein Kamin die Treppe zum Keller umschließen. Die Höhe der Wohnräume variiert – durch den tiefer liegenden Loungebereich und indem die Firsthöhe des kleineren Giebeldaches genutzt wird. Bibliothek, Bad und das Schlafzimmer mit Ankleide liegen im schmaleren, zum Garten orientierten Teil des Hauses. Im Obergeschoss entstand eine Gästewohnung mit Dachterrasse.

Ansicht von der Straße (oben), Esszimmer (unten)

Haus Wandlitz

Am Hasenberg 23
16348 Wandlitz

BGF 92 m²
BRI 350 m³

2D+ | 2Dplus Architekten
Markus Bonauer
www.2dplus.com

Bauherrin/Bauherr:
Anja und Falko Drews

Ansicht vom Garten

Neubau eines eingeschossigen ‚Wohnmöbels' in Holzbauweise. Das Haus entstand auf einem Gartengrundstück, das nur eine Bebauung von maximal 100 Quadratmetern zuließ. Ein Wohn- und Essbereich mit einem um 360 Grad drehbaren Kamin, Küche, Schlafzimmer und ein Badbereich mit Sauna finden auf 78 Quadratmetern Nutzfläche Raum. Holzpaneele verbergen die geräumigen Einbauschränke. An der südwestlichen Längsseite des Hauses liegt eine überdachte Terrasse, vor der anderen Längsseite ein überdachter Umgang. Außen ist der Holzständerbau, dessen Tragwerk in die Dämmebene aus Holzfaserdämmung integriert ist, mit vorgerautem Lärchenholz verkleidet. Ein Gartenschuppen entstand aus demselben Material.

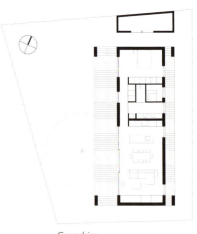

Grundriss

Wohnzimmer mit Drehkamin (oben), Gartenterrasse (unten links), Bad (unten rechts)

EinMannHaus

Moritzstraße 12
16515 Zühlsdorf

BGF 175 m²
BRI 615 m³

Anne Lampen Architekten BDA
www.anne-lampen.de

Bauherr: Ulf Oeckel

Blick von der Lounge zur Küche

Essplatz und Schrankbox

Ansicht von Süden

Neubau eines Wohnhauses für eine Einzelperson auf einem Grundstück am Waldrand. Der Bungalow entstand als mit Lärchenholz verschalter Betonbau. Schlafzimmer und Bad liegen als eigenständige Zimmer an der Nordseite. Küche, Essplatz und eine tiefer liegende Lounge gehen ineinander über. Im Zentrum dieses offenen Wohnbereichs liegt eine von beiden Seiten zugängliche Schrankbox aus Lärchenholz. Glasschiebetüren trennen den Windfang am Eingang vom Wohnbereich auf der einen und dem geräumigen Hobbyraum auf der anderen Seite. Eine spätere Aufstockung ist möglich, das Gebäude statisch entsprechend vorgerüstet. Der Primärenergiebedarf nach EnEv 2009 liegt bei 63,65 kWh/m²·a.

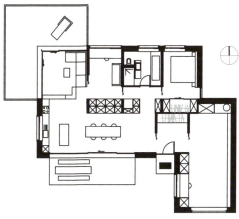

Grundriss

Patiohaus

01705 Freital   BGF 200 m²   **töpfer.bertuleit.architekten**   Bauherr: privat
BRI 620 m³   www.tb-architekten.de

Ansicht von der Straße

Neubau eines eingeschossigen Wohnhauses. Das Haus ist zur Straße weitgehend geschlossen. Auf der Gartenseite öffnet es sich dagegen mit einer raumhohen Fensterfront vor dem tiefer liegenden Wohn- und Essbereich zu einer Holzterrasse. Die Schlafzimmer und das Bad, die wie das Entree an der Straße liegen, erhalten Licht über zwei begrünte Patiohöfe. Konstruktiv handelt es sich um einen Massivbau mit einer wärmegedämmten Bodenplatte aus Stahlbeton und einer Stahlbetondecke auf einschaligem Ziegelmauerwerk, das ohne Dämmschicht auskommt. Der Primärenergiebedarf liegt bei 79,4 kWh/m²·a.

Gartenterrasse

Wohn- und Essbereich

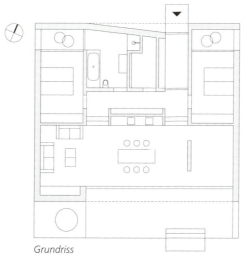

Grundriss

Patiohof

Townhouse P17

Caroline-von-Humboldt-Weg 36
10117 Berlin

BGF 600 m²
BRI 2.250 m³

Hon.Prof. Johanne Nalbach
Nalbach + Nalbach Ges. von Architekten
www.nalbach-architekten.de

Bauherr: privat

Bad

Küche

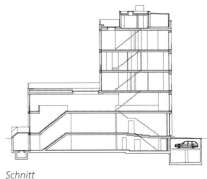

Detail Fassade

Schnitt

Neubau eines städtischen Wohnhauses am Friedrichswerder. Die lehmfarbenen Steine des Vollmauerwerkbaus sind in unterschiedlichen Mauerwerksverbänden gesetzt. So entstand ein Relief, das der Fassade ornamentalen Charakter verleiht, ohne dass dekorative Elemente aufgesetzt werden mussten. In das Wohnhaus ist ein Laden integriert, der einen separaten Zugang von der Straße hat. Diese Gewerbeeinheit nimmt das Erdgeschoss und das Untergeschoss ein, das sich im Hof zu einem Senkgarten öffnet.

Grundrisse EG bis 5. OG (links) und Ansicht von der Straße (rechts)

Restaurierung und Erweiterung zweier barocker Stadthäuser

Friedrich-Ebert-Straße 85/86 14467 Potsdam	BGF (Bestand) 1.100 m² BGF (Neubau) 275 m² BRI (Bestand) 3.700 m³ BRI (Neubau) 920 m³	**WAF Architekten** www.waf-architekten.de		Bauherrin: GbR Ariel und Daniel Cukierman

Ansicht von der Straße

Townhouse im Hof

Grundriss OG

Restaurierung eines Baudenkmals und Erweiterung um drei Seitenflügel im Hof. Die beiden Barockhäuser entstanden um 1760. Um das Jahr 1900 wurden sie grundlegend umgebaut. Nun wurden sie restauriert, instand gesetzt, modernisiert und ihre Dachgeschosse ausgebaut. Abgesetzt durch verglaste Verbindungen schließen drei neue Massivbauten im Hof an den Bestand an. Sie entstanden als Ersatz für verlorengegangene Seitenflügel aus dem 18. Jahrhundert. Der vierte der alten Seitenflügel war erhalten geblieben. Er wurde mit einem der drei Neubauten zum Haus im Haus zusammengeschlossen. So entstand ein Townhouse mit eigenem Zugang im Hof. Auch der Rest des Ensembles wurde innen neu aufgeteilt und beherbergt nun drei Gewerbeeinheiten an der Straße und fünf Wohnungen in den Geschossen darüber.

Terrasse im Seitenflügel (oben), Wohnung unterm Dach (unten)

Arbeit to go
Coworking Spaces in Berlin

Tribüne plus Büros: Mobilesuite in Prenzlauer Berg (links und oben)

Montagmorgen, kurz nach zehn. Konzentrierte Stille liegt über den Tischreihen; von irgendwoher dringen Kaffeeduft und leises Geschirrgeklapper in den Raum. Die Tür öffnet sich, ein junger Mann mit gesundgrünem Gemüsedrink in der Hand tritt ein und geht grußlos an den Arbeitenden vorbei. Keiner sagt Hallo oder hebt den Blick vom Monitor. Der Neuankömmling setzt sich an einen Tisch am Fenster und stöpselt seinen Laptop ein. Dann ist es wieder still.

In diesem Büro interessiert es niemanden, wie bei den anderen das Wochenende war. Hier weiß auch keiner, über was der Brillenträger am Nebentisch grübelt, wie die blonde Frau am Drucker heißt und worüber sich der Amerikaner im karierten Hemd am Telefon so aufregt. Denn hier, in der Mobilesuite an der Pappelallee, teilt man sich weder eine Aufgabe noch einen Chef, sondern nur den weitläufigen Raum und die Highspeed-Datenverbindung – für ein paar Stunden, einen Tag, für eine Woche oder länger.

So funktioniert, knapp umrissen, das Prinzip Coworking Space: Gut ausgestattete Räumlichkeiten mit Arbeitsplätzen, leistungsfähigem Internet und Bürotechnik stehen Nutzerinnen und Nutzern zur Verfügung, die ein Erwerbsleben in zeitlich und räumlich flexiblen Zusammenhängen führen und dafür weder eine feste Adresse noch ein geregeltes Büroleben brauchen. Wenn sie neben einem gut ausgestatteten Arbeitsplatz auch das Gefühl schätzen, ihr Tagwerk in angenehmer Umgebung und zurückhaltender, weil anonymer Gesellschaft zu verrichten, sind sie in Coworking Spaces wie der Mobilesuite gut aufgehoben. Innerhalb weniger Jahre hat sich die Zahl dieser Angebote vor allem in großen Städten vervielfacht. Allein in Berlin gibt es derzeit geschätzt mehr als 50 Adressen. Präzise Angaben sind nur schwer möglich: Was früher eine aus der Not geborene Bürogemeinschaft war, in der sich eine Handvoll klammer Freiberufler und Freiberuflerinnen einen Wasserkocher und aufgebockte Arbeitsplatten teilten, schmückt sich inzwischen ebenso mit dem zeitgeistigen Label Coworking wie das klassische Business Center mit ondulierter Empfangsdame und Standardmöblierung auf Nadelfilz. Für überschaubare Beträge können sich Einzelkämpfer wie -kämpferinnen, frei flottierende Selbstständige, aber auch Projektgruppen, Menschen im Außendienst oder Businessreisende einmieten: Einzelarbeitsplätze, Schreibtischmodule, Teambüros oder Konferenzräume – Coworking Spaces bieten die räumliche Vielfalt eines gut ausgestatteten Bürogebäudes und ersparen ihrer temporären Kundschaft so die Investition in eigene Infrastruktur.

Die wachsende Nachfrage liegt im Wandel der Erwerbswelt begründet: Während der Anteil sogenannter Normarbeitsverhältnisse mit unbefristetem Vertrag, festem Arbeitsplatz und geregelten Bürozeiten zurückgeht, wächst die Zahl derer, die in zeitlich begrenzten Arrangements, projektbezogen und ortsungebunden ihren Lebensunterhalt bestreiten. Nicht wenige ziehen dem häuslichen Arbeitszimmer die mal disziplinierende, mal inspirierende Atmosphäre eines Gemeinschaftsbüros vor, in dem man niemanden kennen muss, um sich nicht einsam zu fühlen. Tatsächlich ist Coworking nichts anderes als die Ausweitung des Kaffeehausprinzips „Allein in Gesellschaft" auf

die Arbeitswelt. Genau genommen ist die Idee sogar im Kaffeehaus entstanden. So erzählt es jedenfalls Christoph Fahle, der mit dem betahaus in Berlin-Kreuzberg 2010 so etwas wie die Mutter aller Coworking Spaces gegründet hat. Als Fahle nach seinem Betriebswirtschaftsstudium beim Europäischen Parlament arbeitete, war er auf seinen vielen Dienstreisen ständig auf der Suche nach einen Ort, an dem es sich in angenehmer, konzentrierter Umgebung am Notebook arbeiten ließ oder an den man Gesprächspartner zum Austausch einladen konnte. Er landete immer in einem Café. Etwa zur gleichen Zeit hatte die digitale Boheme in Berlin den urbanen Kaffeeausschank erfolgreich als Arbeitsplatz rekrutiert: Im Lokal St. Oberholz durften die Nerds den ganzen Tag das WLAN kostenlos nutzen, ohne mehr als einen Espresso zu bestellen. So nahm Fahles Idee eines perfekten Arbeitsplatzes für Menschen wie ihn Gestalt an: lebendig wie ein Kaffeehaus, nur ohne Verzehrzwang, dafür mit kabellosem Netzzugang und erschwinglich auch für Leute mit wenig Geld. Ob es Zufall war, dass er mit seinem Vorhaben und zusammengeborgtem Geld genau zu dem Zeitpunkt beim Berliner Gewerbeimmobilienvermieter GSG anklopfte, als man dort etwas gründlicher über die Arbeitswelten der Zukunft nachdachte, wird wohl nicht mehr zu klären sein. Christoph Fahle, die Designerin Tonja Welter und vier weitere Mitstreiter bekamen mit ihrem Konzept jedenfalls den Zuschlag für ein Gebäude am Moritzplatz, das zuvor eine Druckerei und eine Waschlappenfabrik beherbergt hatte. Der Rest ist Geschichte. Anfang 2010 startete das Projekt mit einem Aufruf in Facebook. Schnell waren die ersten Interessierten gefunden. Der gestalterisch wenig ambitionierte Ausbau der Etagen erfolgte parallel zum stetigen Anwachsen der Nutzerschar. 2011 war er abgeschlossen; die Betreibenden selbst betrachten das Gebäude indes nur als Hülle eines ständigen Werdens.

Der Prozesscharakter des betahauses ist auch seiner Einrichtung eingeschrieben. Die ungeschlachte Fabrikästhetik des Hauses blieb ebenso erhalten wie der rumpelnde Lastenaufzug; die Möblierung der weitläufigen Räume besteht aus schlichten Arbeitsplatten, und die wenigen neuen Einbauten im vierten Stock sind aus unbehandeltem Holz. Wer ins betahaus kommt, sucht keine ledergepolsterte Work Lounge, sondern den Austausch mit anderen, die Nähe zu Leuten aus aller Welt, die Ideen haben oder welche suchen, die Netzwerke knüpfen und gemeinsam feiern – kurz: das weiße Rauschen der Globalisierung. Dass man hier auch arbeiten kann, müssen Interessierte allerdings wissen. Nicht nur auf seiner Website präsentiert sich das betahaus eher

Cornelia Dörries

"Mahlzeit" sagt hier niemand:
betahaus in Kreuzberg (links und unten),
Scherenwand im Nadelwald in Neukölln (rechts)

als soziales Netzwerk und Mischung aus Ideen-Inkubator, Off-Kulturzentrum und Partyzone. Informationen über Angebote und Preise sind nur schwer zu finden. Wer einen Schreibtisch für eine Woche sucht, fragt am besten die Tresenkraft im hauseigenen Café. Sicherheitshalber auf Englisch.

Die rasante Ausbreitung des Coworkings ging mit einer zunehmenden Differenzierung einher: Während sich das betahaus schon dank seiner Größe und zentralen Lage als polyglott summender Bienenstock für alle kreativen Gewerke etablierte, richten sich Anbieter wie Club Office Berlin oder die bundesweit präsenten Design Offices an eine Kundschaft, die auch bei stunden- oder tageweiser Nutzung Wert auf hochwertige Büroausstattung und eine gediegene Umgebung legt. Es gibt außerdem Adressen, die sich mit der Zeit nach Branchen spezialisieren und wie das Co Up in Kreuzberg zu einem Treffpunkt für Programmierer und Softwareentwickler avancieren. Der Nadelwald in Berlin-Neukölln wurde sogar gleich als Co-Sewing Space gegründet. Hier rattern die Nähmaschinen angehender Modedesignerinnen und ehrgeiziger Freizeitnäher. Neben der Schneidereiausstattung gibt es eine umfangreiche Modebibliothek und natürlich die Möglichkeit, über Garnrollen hinweg Kontakte zu knüpfen und Geschäftsideen zu spinnen.

Wie erfolgreich ein Coworking-Angebot ist, hängt nicht nur vom Marketing und der Lage in der Stadt ab. Auch Gestaltung und Einrichtung der Räume müssen den Präferenzen der angepeilten Kundschaft entsprechen. Dazu braucht es innenarchitektonische Konzepte, die Gespür für die feinen Unterschiede

zwischen den granular ausdifferenzierten städtischen Milieus beweisen. So spricht die Mobilesuite im Prenzlauer Berg mit ihrer zurückhaltenden, klaren Gestaltung durch das atelier für raumfragen passgenau die Bedürfnisse der hier wohnenden Zielgruppe an: ein akademisch geprägtes, neo-bürgerliches Milieu, das geschmackvolle, aber lässige Aufgeräumtheit ebenso schätzt wie fair gehandelten Kaffee aus einer teuren italienischen Espressomaschine. Ein paar Kilometer weiter, in Friedrichshain-Kreuzberg, ginge dieses Angebot an der Nachfrage vorbei.

Nicht weniger relevant für den Erfolg der Mobilesuite ist die räumliche Nähe zu Unternehmen, die hier kurzfristig Konferenzräume mieten und das Auditorium im hinteren Teil des 800 Quadratmeter großen Erdgeschosses für Veranstaltungen nutzen können. Von der Coworking-Kundschaft profitiert wiederum das kleine Lokal nebenan, das mit einer günstigen Tageskarte und angenehmen Terrassenplätzen unter einer Markise lockt. Nicht wenige wechseln zur Mittagspause vom Coworking-Schreibtisch dorthin. Doch selbst wenn die blonde Frau vom Drucker den Amerikaner im karierten Hemd wiedererkennt; es bleibt bei einem freundlichen Nicken über die Tische. "Mahlzeit" sagt niemand.

Ferienremise Berlin

| Kolonnenstraße 62 10892 Berlin | BGF 475 m² BRI 1.430 m³ | **Peter Hapke und Andreas Zerr** www.zhn-architekten.de | Bauherrin: Zerr-Hapke Grundstücksgesellschaft |

Supperclub

Ansicht von der Straße

Café

Gemeinschaftsraum/Kochwerkstatt

Umbau eines historischen Wohn- und Gewerbeensembles zum Apartmenthaus.
Das Ensemble aus Vorderhaus, Seitenflügel und Hinterhaus kann auch für Veranstaltungen genutzt werden. Es entstand einst als erstes Haus auf freiem Feld. Seine Ursprünge reichen bis 1862 zurück. Heute liegt es als Teil einer klassischen Berliner Blockrandbebauung zwischen deutlich höheren Nachbarbauten. Im Erdgeschoss reicht ein Café vom Vorderhaus bis in den Seitenflügel. Der ländlich anmutende Hof dient als Terrasse. Im Hinterhaus grenzt eine Kochwerkstatt an den Hof, die auch als Gemeinschaftsraum genutzt wird. In den oberen Geschossen entstanden vier Gästeapartments und ein Supperclub, der über eine neue Treppe an der Brandwand des Nachbarhauses erschlossen wird. Beim Umbau wurden Verschläge entfernt und das Gebäude wieder in eine einheitliche Form gebracht, die aus der Entstehungsgeschichte abgeleitet ist.

Hofgarten

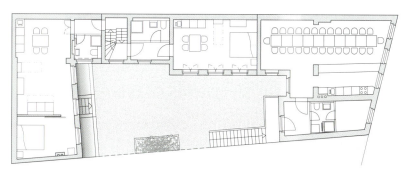

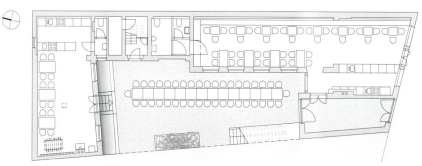

Grundrisse EG und OG

Malzfabrik Berlin & Next

Bessemerstraße 2–14 und 16–22
12103 Berlin

BGF (Malzfabrik) 48.000 m²
BGF (Next) 4.735 m²
BRI (Malzfabrik) 261.500 m³
BRI (Next) 16.700 m³

Elwardt & Lattermann Architekten
www.ioobln.de

Bauherr: Frank Sippel / Immobilien Grundstücksgesellschaft Malzfabrik mbH

Denkmalgeschützter Bestand

Montage restaurierter Schlothauben

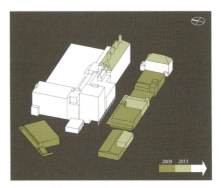

Axonometrie zum Umbauprozess

Sanierung und Ergänzung eines denkmalgeschützten Industriekomplexes. Die Anlage entstand 1914 bis 1917 als größte Mälzerei Europas. Von 2009 bis 2014 wurde sie schrittweise entwickelt. Zunächst entstanden in den kleineren Bestandsgebäuden mit kleinstmöglichen Eingriffen günstige Flächen für Büros, Ateliers, Produktion und Veranstaltungen. In einer zweiten Phase wurden bis 2014 die bestehenden Hallen nach Anforderungen der Nutzerinnen und Nutzer umgebaut und instand gesetzt. Bereits 2011 kam ein benachbarter, unfertiger Gewerbebau aus den 1990er Jahren dazu, der zum Haus „Next" um- und ausgebaut wurde. Die dortigen Büro- und Schulungsflächen ergänzen das Angebot der Malzfabrik, die heute Räume für Gewerbe, Produktion, Kunst und Veranstaltungen bietet. Das Umnutzungskonzept erhielt 2011 den Berliner Umweltpreis in der Kategorie Wirtschaft und Innovation.

Ausgebautes Dach (oben), Innenraum Kellereigebäude (unten)

Studio 211

10999 Berlin   BGF 115 m²   marc benjamin drewes ARCHITEKTUREN   Bauherren: Hannes Bieger & Chris Bremus
BRI 428 m³   mit Jeong-Hoon Kim
www.marcdrewes.com
www.jeonghoonkim.com

Studio

Beleuchtetes Tonnengewölbe

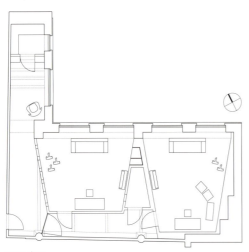

Grundriss

Ausbau einer Fabriketage für zwei Musiker. Die beiden Studios sind – der Akustik halber – als geschlossene Boxen im offenen Raum platziert. Entstanden sind zwei Misch- und Regieräume, zwischen denen eine kleine Aufnahmekabine für gelegentliche Gesangs- oder Instrumentalaufnahmen Platz fand. Alle Einbauten haben eine geneigte Decke. So bleibt über den Boxen der Blick auf die Kappendecke des denkmalgeschützten Industriebaus frei. Indirekte Beleuchtung setzt die tonnenförmigen Gewölbe zusätzlich in Szene. Im Innern der Studios sorgen die schrägen Decken, schräg gestellte Wände und zusätzliche Akustikelemente, Absorber und Diffusoren für optimale Arbeitsbedingungen.

Blick vom Eingang zum Lager (oben), Flur an den Studios (unten)

Elegante Kurven

Berlin BGF 440 m² **Maedebach & Redeleit Gesellschaft von Architekten mbH** www.maedebach-redeleit.de Bauherr: privat

Flur

Umbau einer Büroetage, für die zwei vorher getrennte Büroeinheiten in einem Berliner Geschäftshaus zusammengelegt wurden. Ein neu geschaffener Loungebereich empfängt die Besucherinnen und Besucher. An ihn schließen sich zwei Besprechungsräume an, die dank mobiler Zwischenwände zu einem 82 Quadratmeter großen Raum zusammengeschaltet werden können. Ein weiteres, besonders augenfälliges Element des Umbaus ist ein Raummöbel, in dem nun die Garderobe, eine Pantryküche, Schließfächer, Schränke und der Kopierplatz untergebracht sind. Brandschutz, Sonnenschutz, Medien- und Elektrotechnik wurden im Zuge des Umbaus auf aktuellen Stand gebracht.

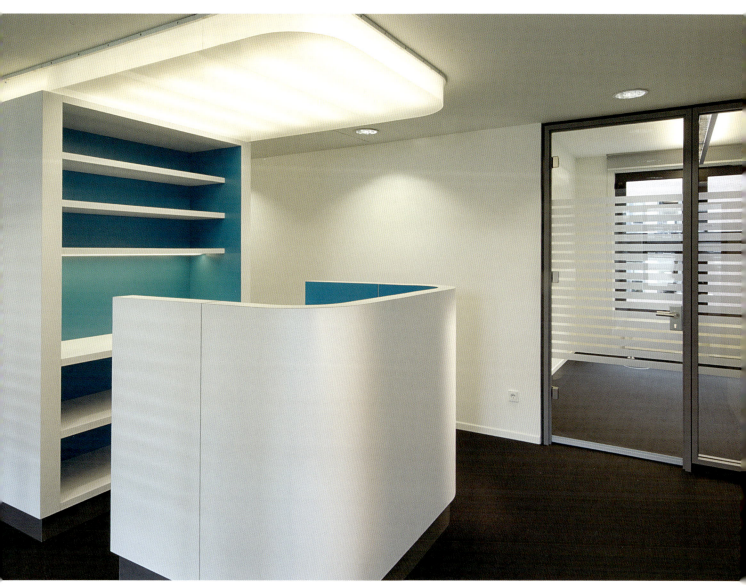

Kopierplatz im Raummöbel

Grundriss

Psychotherapeutenkammer Berlin

Kurfürstendamm 184
10707 Berlin

BGF 700 m²
BRI 2.730 m³

STP Architekten
www.stp-architekten.de

Bauherrin:
Psychotherapeutenkammer Berlin

Bar/Cateringbereich und Garderobe

Einbauschränke

3D-Modell

Innenausbau einer ehemaligen großbürgerlichen Wohnung zur Geschäftsstelle der Berufsvertretung. Ausgangspunkt der Gestaltung waren Motive und Farben des Corporate Designs der Kammer. Besonders das im grafischen Erscheinungsbild dominierende Rot setzt in den Räumlichkeiten Akzente. Neue Einbauschränke, allen voran eine drei Meter hohe und 30 Meter lange Aktenwand, die als erstes realisiert wurde, erlauben es, fast 4.000 Ordner unterzubringen. Auch im zweiten Bauabschnitt, der vor allem halböffentliche Bereiche wie Konferenz- und Besucherräume umfasste, wurden die plakativen grafischen Elemente in neuen Einbauten, Möbeln und in der Ausstattung aufgenommen.

Aktenwand

DEAN

Rosenthaler Straße 9
10119 Berlin

BGF 255 m²
BRI 770 m³

BRUZKUS BATEK
www.bruzkusbatek.com

Bauherrin: Amano Group

Bar und Lounge von der Tanzfläche

Innenausbau einer Tanzbar in den Räumen des ehemaligen Delicious Doughnuts. Das neue Interieur ist – als Gegenstück zum traditionell trashigen Ambiente Berliner Clubs – betont glamourös gestaltet. Hinter dem tiefschwarzen Eingangsbereich öffnet sich der lange Barraum, den goldfarbene Paneele an Decke und Wand dominieren. Wie ein Laufsteg führt ein Gang aus Gussasphalt zwischen der Bar aus schwarzem und weißem Marmor auf der einen und Sitznischen mit dunkelgrauem Samtbezug auf der anderen Seite zur Tanzfläche. In einem Seitenraum an der Tanzfläche ist ein Loungebereich untergebracht. DJ-Lounge, Garderobe und WCs liegen im Untergeschoss. Zu erreichen sind sie über eine Treppe, deren Wände (nach dem Vorbild der Ateliertreppe von Coco Chanel) wie die der Lounge mit Spiegellamellen belegt sind.

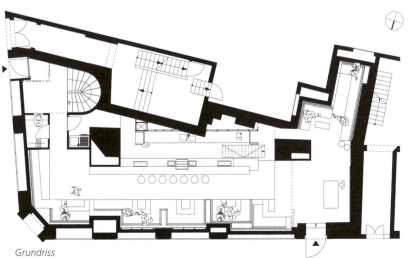
Grundriss

Treppe

Haus am Max-Reinhardt-Platz

Schumannstraße 7
Max-Reinhardt-Platz 1
10117 Berlin

BGF 30.700 m²
BRI 117.000 m³

**Kleihues + Kleihues
Gesellschaft von Architekten mbH**
www.kleihues.com

Bauherrin: HG Immobilien Mitte GmbH

Ansicht vom Platz

Neubau eines Wohn- und Geschäftshauskomplexes nahe des Deutschen Theaters. In den oberen Geschossen befinden sich Wohnungen und Büros, im Erdgeschoss ein Konferenzbereich, Läden und ein Ecklokal. Die durchgehende Gestaltung des Bauwerks vermittelt das Bild eines zusammenhängenden Komplexes, gleichwohl sind die einzelnen Bauteile als Einzelhäuser ablesbar. Dafür sorgen individuell gestaltete Fassaden, die das allen Häusern gemeinsame Grundthema variieren. Auf diese Weise trägt der Neubau dem Maßstab Rechnung, den die historisch gewachsene Umgebung der Friedrich-Wilhelm-Stadt vorgibt.

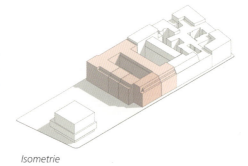

Isometrie

Büro, Handel & Gewerbe

Ansicht von der Reinhardtstraße

Ansicht von der Schumannstraße

Hof

CALEIDO

Tübinger Straße 41/43 BGF 32.500 m² **LÉON WOHLHAGE WERNIK,** Bauherrin: HOCHTIEF
70178 Stuttgart BRI 135.000 m³ www.leonwohlhagewernik.de Projektentwicklung GmbH

Ansicht vom Österreichischen Platz

Treppenhaus

Lageplan

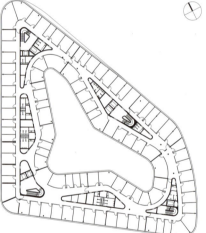

Grundriss Regelgeschoss

Neubau eines Büro- und Wohnhauses am Südrand der Stuttgarter City. Die von Stromlinien bestimmte Fassade stellt sich aus unterschiedlichen Blickwinkeln immer neu dar. Prägende Materialien sind Glas und Metall. Die Ebenen des Sechsgeschossers zeichnen sich außen als leichte Vor- und Rücksprünge in der Fassade ab. Ihre Grundrisse variieren im Rahmen der komplexen Figur. In dem Gebäude sind neben Wohnungen auch Büros, Restaurants, Geschäfte und ein Großraum-Fitnessstudio mit Hamam untergebracht. Das Haus wurde nach Vorgaben der Deutschen Gesellschaft für Nachhaltiges Bauen (DGNB e. V.) in Silber zertifiziert. Sein Primärenergiebedarf liegt bei 43 kwh/m²·a.

Hof

Büropark Mollstraße

Mollstraße 1
10178 Berlin

BGF 19.000 m²
BRI 57.475 m³

WAF Architekten
www.waf-architekten.de

Bauherrin:
Mollstraße 1 Objektgesellschaft mbH

Ansicht von der Mollstraße

Vor der Sanierung

Büroetage im Hochhaus

Entkernung und Modernisierung eines Bürokomplexes aus dem Jahr 1970. Zu DDR-Zeiten war das Ensemble Sitz der Nachrichtenagentur ADN. Neue, minimalistische Fassaden ersetzen die ehemalige Waschbetonfassade am zehngeschossigen Hochhaus und die Beton-Waffelfassade des dreigeschossigen Seitentrakts an der Karl-Liebknecht-Straße. Innen wurden die Betonflächen freigelegt und sandgestrahlt, um den Räumen Industriecharakter zu verleihen. Auch die Haustechnik bleibt sichtbar. Im Flachbau wurden die Stahlträger freigelegt und Oberlichter ergänzt, um den tiefen, dunklen Raum zum hellen Großraumbüro umzugestalten. Freistehende, gläserne Besprechungsboxen gliedern die weite Fläche.

Ansicht von der Karl-Liebknecht-Straße (oben), Großraumbüro im Flachbau (unten)

Haus des Rundfunks

Masurenallee 8–14
14057 Berlin

BGF 42.300 m²
BRI 144.000 m³

Bräunlin + Kolb Architekten Ingenieure GbR
www.braeunlin-kolb.com

Bauherr: rbb Rundfunk Berlin-Brandenburg

Auswahlsichtung der Ersatzfliesen

Eingang Bredtschneiderstraße

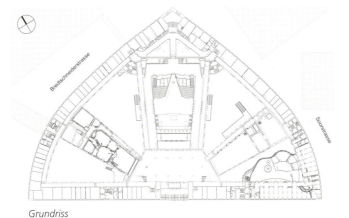
Grundriss

Denkmalgerechte Fassadensanierung. Das architektonisch wie rundfunkgeschichtlich bedeutsame Gebäude von Hans Poelzig wurde 1931 eröffnet. Die 3.000 Quadratmeter große Fassade an der Masurenallee ist mit glasierten Keramikplatten und Klinkern gestaltet. Sie wies einst ein einzigartiges Farbspiel auf, das verloren gegangen war. Bei der Sanierung wurde es wiederbelebt. Dabei wurden alle Keramiken einzeln auf Hohlstellen abgeklopft und auf Risse und Abplatzungen untersucht. Der Fugenmörtel wurde vollständig ausgeräumt und erneuert. Die Originalsubstanz blieb wo immer möglich erhalten. Einzelteile, die ausgetauscht werden mussten, wurden aufwändig nachgebrannt und handverlesen. Zuvor waren bereits Fugen, Fensterelemente und die Außenbeleuchtung an den beiden rückwärtigen, reinen Klinkerfassaden erneuert worden. Eine neue Türanlage an der Bredtschneiderstraße sichert nun den barrierefreien Zugang.

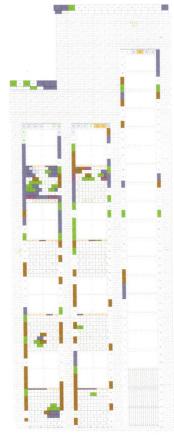
Schadenskartierung

Ansicht von der Masurenallee (oben), Relief der Hauptfassade (unten)

Kaufhausumbau Moabit

Turmstraße 29
10551 Berlin

BGF 12.775 m²
BRI 55.575 m³

Büro Thomas Müller
www.buero-thomasmueller.de

Bauherrin: MIB AG

Flur

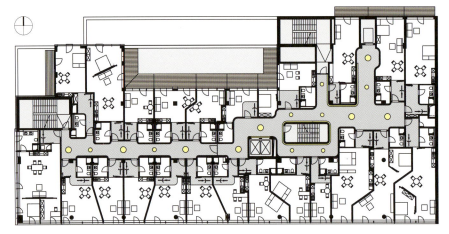

Grundriss 4. OG

Umbau und Umnutzung eines Kaufhauses zum Einzelhandelsgebäude mit Büros und Wohnungen. Die unteren drei Ebenen (inklusive des Untergeschosses) werden von Läden und Supermärkten genutzt. Im 2. Obergeschoss entstanden Büros, in den beiden obersten Etagen 46 Apartments von 40 bis 70 Quadratmetern Größe und Raumhöhen bis zu 3,60 Meter. Sie sind gedacht für Berufspendler und -pendlerinnen, Singles, Studierende und Best-Ager. Dank des Lastenaufzugs im Hof lassen sich E-Bikes direkt in den Wohnungen parken. Zwei neue Aufzüge erschließen die Ebenen barrierefrei. Für den Umbau wurde das Gebäude vollständig entkernt. Seine neue Süd- und Westfassade bestimmen zwei unterschiedlich gefärbte Schichten aus Aluminiumplatten, die sich in der Tiefe überlagern.

Ansicht von der Turmstraße (oben), Apartment (unten links), Ansicht von Nordwesten (unten rechts)

Werk II

Am Hohen Markstein 4
75177 Pforzheim

BGF 4.975 m²
BRI 35.225 m³

Peter W. Schmidt Architekt BDA
www.pws.eu

Bauherrin: HÄHL Walzen GmbH

Fabrikationshalle

Terrasse

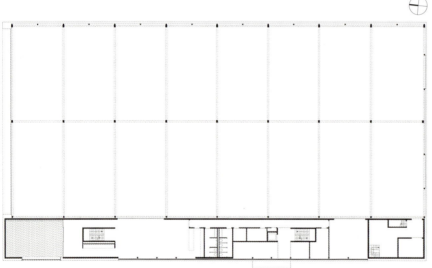

Grundriss 1. OG

Neubau eines Produktions- und Verwaltungskomplexes in einem unlängst erschlossenen Gewerbegebiet. Büros und Kantine sind in einem langen, dreigeschossigen Stahlbetonbau untergebracht. Eine zweischiffige Produktionshalle schließt längsseits an diesen Verwaltungstrakt an. Sie entstand als reine Stahlkonstruktion mit vorgehängten, wärmegedämmten Stahlblechkassettenprofilen. Eine einheitliche Lochblechfassade fasst beide Bauteile zu einem kompakten Ganzen zusammen. Die verglaste Nordfassade der Halle sorgt – ohne Sonneneinstrahlung – für natürliches Licht im Inneren. An der Hallenwestseite öffnen innenliegende Fenster den Blick aus dem Verwaltungstrakt in die Fertigung. An der Südseite der Halle liegen zwei hohe Zufahrtstore, an ihrer Ostseite kann der Komplex später auf ganzer Länge um weitere Hallenmodule erweitert werden, ohne den laufenden Betrieb zu beeinträchtigen.

Ansicht von der Straße (oben), Kantine (unten)

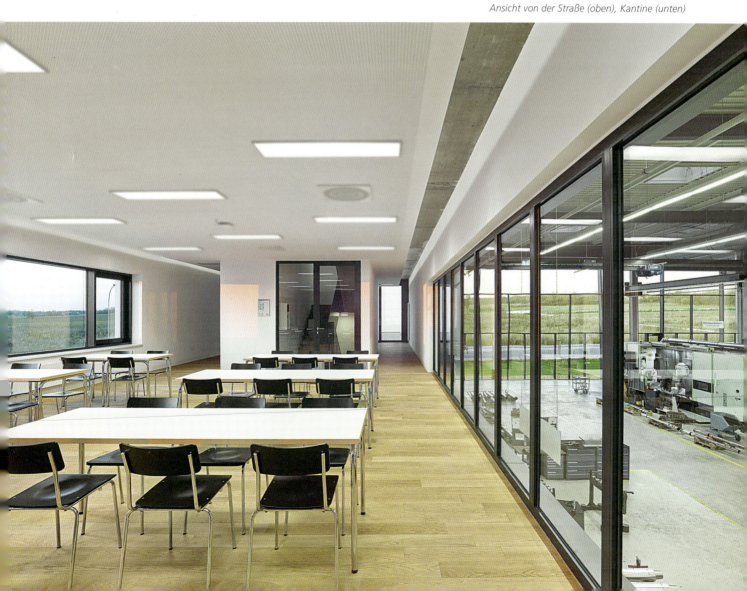

Stefan Strauß

Hürden im Untergrund
Wie Verkehrs- und Versorgungsnetze im Boden das Bauen beeinflussen

*Ballett im Piqué:
Humboldt-Box (links) und
Baugrund des Humboldt-Forums (oben)*

Berlin führt ein unsichtbares Eigenleben. Unter der Erde verlaufen mehrere zehntausend Kilometer Versorgungs- und Verkehrsleitungen, ohne die die Stadt mit ihren 3,4 Millionen Menschen nicht existieren könnte. Allein die Berliner Wasserbetriebe verfügen über 18.600 Kilometer Trinkwasserleitungen und Abwasserkanäle. „In jeder Straße der Stadt sind wir vertreten", sagt Sprecher Stephan Natz. In manchen auch mehrfach. Und für alle Leitungen gibt es festgelegte Abstandsflächen und Mindesttiefen. Auch die Stromleitungen liegen in Berlin fast komplett unter der Erde. 35.888 Kilometer lang ist das Stromnetz. Dazu kommen rund 7.000 Kilometer Gasleitungen, und auch Fernwärme wird unterirdisch verteilt. Schwer schätzen lässt sich, wie lang all die Leitungen sind, damit alle in ihren Häusern telefonieren, ins Internet gehen oder Kabelfernsehen empfangen können. Zu diesen Versorgungsstrukturen kommen Verkehrsbauten: Auch die Menschen lassen sich zum großen Teil unterirdisch und staufrei durch die Stadt transportieren. Das U-Bahn-Netz erreicht mit zehn Linien 143 Kilometer Länge.
Ein scheinbar endloses Netzwerk an Rohren, Leitungen, Kabeln, Tunneln und Bauten liegt so unter der Erde. Langsam werde dieser Raum knapp, sagt der Sprecher der Wasserbetriebe Stephan Natz. Die Konkurrenz der Medien, wie die Grundversorgungsleitungen auch genannt werden, wachse in der Innenstadt ständig.
Manchmal kommt es zu Zwischenfällen. Am 30. März 2012, es ist kurz nach 13 Uhr, melden die Berliner Verkehrsbetriebe eine Havarie auf einer Großbaustelle am Leipziger Platz. Die U2 wird zwischen Mohrenstraße und Potsdamer Platz unterbrochen. In den U-Bahn-Tunnel, der unter der Baustelle entlangführt, ist Grundwasser eingedrungen. Es besteht die Gefahr, dass der Tunnel unterspült wird. Bauarbeiter berichten, sie hätten gespürt, wie der Boden plötzlich matschig geworden sei, ähnlich wie bei einer Flut. Dann seien drei Kubikmeter Erdreich weggesackt. Die Bauleiter reagieren sofort. Sie setzen Havarieplan 1 in Kraft.
Die Baustelle, um die es geht, ist das zu dieser Zeit größte private Bauvorhaben in der Stadt. Auf dem früheren Gelände des Kaufhauses Wertheim baut der Investor Harald G. Huth für 500 Millionen Euro die Mall of Berlin: ein neues Stadtquartier mit Shopping-Center, Hotel, Restaurants, Wohnungen und Büros. Das Grundstück an der Leipziger Straße ist 20.600 Quadratmeter groß – etwa drei Fußballfelder. Die Baugrube ist etwa 200 Meter lang, 100 Meter breit und 20 Meter tief. 280.000 Mal müssen Lkws mit Sandladungen durch die Stadt fahren, damit der Bau beginnen kann.
Die Fachleute in den Architekturbüros Manfred Pechtold, nps tchoban voss und PSP Architekten wissen, was da im Untergrund liegt. Quer über das Grundstück führt 125 Meter lang der Tunnel der U2. Die Investoren hatten anfangs die Idee, den Tunnel komplett abzureißen und neu zu bauen. Das lehnte der Berliner Senat ab. Und so bauten die Investoren einen zweiten, massiven Tunnel um den ersten, mit Betonwänden, die 25 Meter tief in die Erde führen. Während der Bauphase wurde zudem das Grundwasser abgesenkt, das an dieser Stelle schon in einer Tiefe von drei Metern steht. Möglicherweise seien die Wände undicht geworden, sodass Grundwasser eindringen und die Havarie auslösen konnte. Am Ende bleibt der U-Bahn-Tunnel jedoch

unbeschädigt und trocken. Nach mehreren Wochen fährt die U2 wieder unter der Baustelle durch.

Es war nicht das erste Mal, dass die U-Bahn an dieser Stelle für Probleme sorgte. Bereits 1997 hatte das Münchener Investoren-Paar Isolde und Peter Kottmair den angeblich maroden Tunnel moniert. Ihr Projekt, an dieser Stelle nach Plänen von Aldo Rossi ein Theater für den Cirque du Soleil mit Hotel, Kaufhaus, Techno-Tower, Passagen, Läden, Restaurants, Büros und Wohnungen zu bauen, scheiterte 1998.

Weitaus unkomplizierter verlief der Bau eines anderen markanten Bauwerkes der Innenstadt – der Humboldt-Box auf dem Schloßplatz. Als temporäres architektonisches Wahrzeichen errichtet, begleitet der ungewöhnliche Bau des Büros KSV Krüger Schuberth Vandreike die Fertigstellung des Humboldt-Forums. 2009 gewann das Büro den Wettbewerb, der einige Besonderheiten auswies. Für den Bau des Informations- und Ausstellungspavillons stand eine Grundfläche von 32 mal 20 Metern zur Verfügung. „Weil im Untergrund wichtige Versorgungsleitungen verlaufen, mussten Trassen freigehalten werden", sagt Architekt Bertram Vandreike. Es sind Leitungen für Trinkwasser, Abwasser, Fernwärme und Telefon. Um den Zugang zu diesen Leitungen zu gewährleisten, musste der größte Teil der Baufläche bis zu einer Höhe von 4,50 Metern freigehalten werden. Praktisch hieß das, dass auf der Gesamtgrundfläche von 640 Quadratmetern im Erdgeschoss nur eine genau definierte Fläche von 215 Quadratmetern bebaut werden durfte. „Mit diesen Vorgaben mussten wir statisch gut umgehen", sagt Vandreike. In ein Skelett aus außen diagonal und im Deckenbereich horizontal verlaufenden Stahlträgern sind die Stahlbetondecken eingehängt und Treppenhauskerne eingestellt. Die Last aller

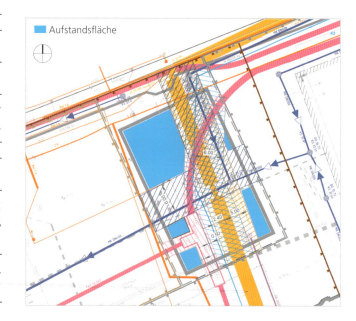

84 | Verkehr & Versorgung

Stefan Strauß

*Drüber und drunter:
Baustelle Humboldt-Forum und Leitungstrassen unter der Humboldt-Box (links), Mall of Berlin am Leipziger Platz und Baufeld mit U-Bahn-Tunnel 2002 (rechts)*

acht Ebenen wird über vier Fußbauwerke abgetragen. Die hohe Konzentration der Gebäudelast an diesen Fußpunkten fangen Bohrpfähle ab, die 27 Meter in die Tiefe reichen – so tief wie das Gebäude über der Erde hoch ist.

Kaum stand die Humboldt-Box, entwickelte sich eine Debatte über das ungewöhnliche Bauwerk in Berlins historischer Mitte. Von Großklotz und Schandfleck war die Rede. Der Stern schrieb über „das Monster vom Schloßplatz", jenes massige Ding, das unelegant, viel zu hoch und aluminiumglänzend sei. Bertram Vandreike verteidigte im Deutschlandfunk sein Projekt als „konsequent zeitgenössisches Gebäude". Auch die Leitungen, die unter dem Bauwerk freizuhalten waren, hätten zu dieser ungewöhnlichen Architektur beigetragen.

Im Mai 2014 wurde erneut ein Investor mit den Hürden im Untergrund konfrontiert. Der US-Entwickler Hines will auf dem Alexanderplatz, genauer: auf dem Grundstück an der Ostseite der Alexanderstraße, einen 150 Meter hohen Turm mit 39 Stockwerken errichten. Es wäre das erste jener zehn Hochhäuser, die Hans Kollhoff in seinem auf das Jahr 1994 zurückgehenden städtebaulichen Masterplan am Alex vorgesehen hatte. Und es wäre der höchste Wohnturm in Deutschland, entworfen von Frank Gehry.

2015 sollte der Bau beginnen. Doch dann meldeten sich die Berliner Verkehrsbetriebe (BVG). Erst jetzt wurde bekannt, dass das Bebauungsplanverfahren schon im August 2013 unterbrochen worden war. Denn unter dem Alexanderplatz verlaufen mehrere U-Bahn-Strecken. Eine von ihnen, die U5 in Richtung Hönow, fährt in einem Bogen so dicht am Grundstück des geplanten Neubaus vorbei, dass die BVG durch die Last des Wolkenkratzers Schäden am U-Bahn-Tunnel befürchtet. Er könnte absacken, Risse könnten sich bilden, und auch hier wäre ein Eindringen des Grundwassers in den Tunnel eine große Gefahr. Eine Havarie wie am Leipziger Platz will die Stadt unbedingt verhindern. Die U5 soll während der Bauarbeiten ohne Unterbrechung fahren, fordert der Senat. Und so gibt es auch am Alex den Plan, ein Abfangbauwerk zu errichten, also um den bestehenden Tunnel einen zweiten zu bauen, der massiv und stabil genug ist, die Last des Hochhauses zu tragen. Die BVG verlangt ein Havariekonzept und will, dass der Investor für Sicherungsmaßnahmen, mögliche Schäden an den U-Bahn-Bauten und deren Beseitigung Geld hinterlegt. Während die BVG im schlimmsten Falle mit Schäden in Höhe von 30 Millionen Euro rechnet, kalkuliert Hines mit gerade einmal zwei Millionen Euro. Gehrys Büro verweist auf seine weltweite Erfahrung beim Bau von Hochhäusern. Doch in Berlin herrscht weiter Sorge, dass die vielen unterirdischen Verkehrs- und Versorgungsleitungen tatsächlich zu Hürden im Untergrund werden. Denn als am 18. Februar 1902 die erste Teilstrecke der Berliner U-Bahn zwischen Stralauer Tor und Potsdamer Platz eröffnet wurde, hatte niemand geglaubt, dass über den Tunneln einmal riesige Einkaufscenter und Hochhäuser stehen würden.

Gleichrichterwerk GW106

Clara-Jaschke-Straße 5
10557 Berlin

BGF 215 m²
BRI 1.000 m³

**BOLWIN | WULF Architekten
und Sabine Krischan Architektin**
www.bolwinwulf.de

Bauherr: BVG – Berliner Verkehrsbetriebe

Stirnseite

Neubau eines Technikgebäudes für die Straßenbahnlinie M10 unweit des Berliner Hauptbahnhofs. Wände und Dach sind als zweischalige, kerngedämmte Konstruktion monolithisch betoniert. Die beiden Schalen sind dabei nur über ein einziges Festlager verbunden. Die Stirnseiten dieses Betontunnels sind mit Blechpaneelen im Firmengelb der Berliner Verkehrsbetriebe geschlossen. Hier liegen die Zugänge zum Gebäude. Die längste Front – entlang der Straße – zeigt ein Relief in Blindenschrift, das dem Raster der Betonspannlöcher folgt. Es verweist auf die Vorgeschichte des Ortes: 1879 war auf dem Gelände der Universum-Landesausstellungspark (ULAP) eröffnet worden – ein Vorläufer des Berliner Messegeländes. Hinter dem Bauwerk entstand eine kleine, gestaltete Freifläche.

Gesamtansicht (oben) und Braille-Fassade zur Straße (unten)

Messe Frankfurt – Tor Nord

Ludwig-Erhard-Anlage 1
60327 Frankfurt am Main

BGF Wache 56 m²
Dachfläche 595 m²

Ingo Schrader Architekt BDA
www.schrader-architekt.de

Bauherrin: Messe Frankfurt

Gesamtansicht

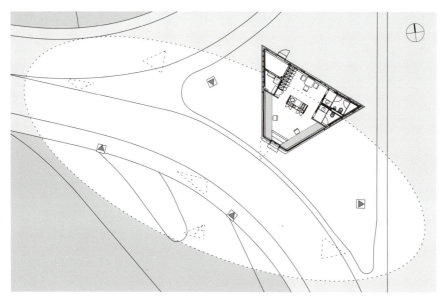

Grundriss

Wachgebäude

Neugestaltung einer 24 Stunden besetzten Messezufahrt. Das neue Ensemble aus rotem Wachgebäude und einem ovalen Dach ersetzt einen provisorischen Wachcontainer. Das stählerne Tragwerk des weithin sichtbaren Daches erinnert an gewachsene Strukturen. Die Gründungsmöglichkeiten auf der Straßenbrücke sind beschränkt. Deshalb sind die Stützen des Dachs unregelmäßig verteilt. Die Dachkonstruktion ist Ergebnis eines parametrischen Optimierungsprozesses. Sie bildet den Kräfteverlauf ausgehend von den Auflagerpunkten räumlich ab. Das Projekt erhielt den im Rahmen des Deutschen Stahlbaupreises 2014 vom Bundesministerium für Umwelt, Naturschutz, Bau und Reaktorsicherheit vergebenen Sonderpreis und einen Iconic Award 2014 des Rats für Formgebung.

Wachgebäude

Dachtragwerk

Parkdeck Landesgartenschau Deggendorf

Eginger Straße
94469 Deggendorf

BGF 10.500 m²
BRI 31.500 m³

raumzeit Gesellschaft von Architekten mbH
www.raumzeit.org

Bauherrin: Stadt Deggendorf

Ansicht von der Landseite

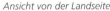
Fluchttür

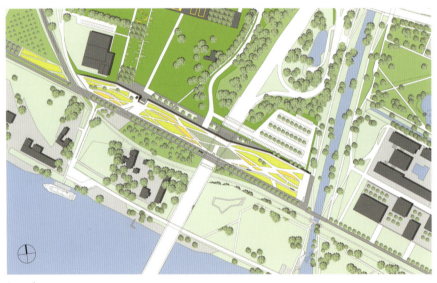
Lageplan

Neubau eines Parkdecks. Das 345 Meter lange Bauwerk liegt am Hochwasserdeich der Donau. Es unterquert die BAB 92 und verbindet den Stadtpark mit der neuen Fußgängerbrücke über den Fluss (vgl. Projekt 36). Nur die Fassade zur Landseite ist sichtbar; auf den anderen drei Seiten verschwindet das Bauwerk im Deich. Das Parkdeck entstand im Rahmen der Landesgartenschau Deggendorf 2014, deren Deichgärten auf seinem Dach angelegt wurden. Aluminiumstäbe in Grün-, Gelb- und Weißtönen bilden die Fassade. Sie sind in vier Ebenen so hintereinander gestaffelt, dass sich in der Frontalansicht Rauten zeigen. Aus größerem Abstand wird ein moiréartiges Wellenmuster erkennbar, das entsteht, weil Abstände und Neigungen benachbarter Stäbe im Millimeterbereich voneinander abweichen. In ihrem Westteil wird die Fassade von einer breiten Freitreppe unterbrochen, die zu den Deichgärten hinaufführt.

Freitreppe (oben), Parkebene (unten)

Fuß- und Radwegbrücke über die Donau

Eginger Straße
94469 Deggendorf

Länge 460 m

raumzeit Gesellschaft von Architekten mbH
www.raumzeit.org

Bauherrin: Stadt Deggendorf

Ansicht am Altwasser

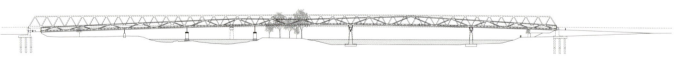

Ansicht von Südosten

Der Brückenneubau verbindet Deggendorf mit der Kleinstadt Plattling am anderen Donauufer. Die neue Brücke entstand neben einer Bahnbrücke. Ihr weitmaschiges, weißes Stahlfachwerk variiert das deutlich engere, blaue Fachwerk des Nachbarbauwerks. Es steigt zur Flussmitte hin von fünf auf neun Meter Höhe an und neigt sich im Querschnitt nach innen. Die Untergurte folgen im Längsschnitt den ansteigenden Gradienten, die in Brückenmitte ausgerundet sind. Beim Überqueren bietet so der Brückenraum ein sich wandelndes, dynamisches Bild, das den Weg gliedert. Über dem Altwasser ruht die neue Brücke auf zwei alten Granitpfeilern aus dem Jahr 1890. Dadurch ergibt sich hier eine Spannweite von 60 Metern – im Gegensatz zu 106 Metern Spannweite über der Schifffahrtsrinne des Hauptstroms.

Blick zum Hochpunkt

Brücke Stadtpromenade am Finowkanal

16225 Eberswalde | Länge 56 m | **Sauerzapfe Architekten**
www.sauerzapfearchitekten.de | Bauherrin: Stadt Eberswalde

Neubau einer Fahrrad- und Fußwegbrücke. Die Leibnizbrücke führt über den Finowkanal und verbindet das nördlich gelegene Leibnizviertel mit der Eberswalder Innenstadt. Im Vergleich zum Vorgängerbauwerk, das sie ersetzt, ist ihre lichte Höhe über den Uferwegen größer. Ein Bogen und zwei Halbbögen aus einem Vollstahlquerschnitt bilden das Haupttragwerk. Das Deck besteht aus geschweißten Stahlhohlkästen, die die beiden Versteifungsträger bilden, und einer orthotropen Platte mit quergespannten Hauptträgern und längsgespannten Blechstreifen. Die Füllstäbe des Geländers haben statisch tragende Funktion. Sie bilden die Aufständerung auf den Bögen. Am südlichen Widerlager entstand eine Treppe, die hinabführt zur neuen Stadtpromenade am Finowkanal.

Leibnizbrücke (oben und unten)

37 Verkehr & Versorgung

Friederike Meyer

Export oder Hilfe zur Selbsthilfe?
Sozial- und Gesundheitsbauten für unterentwickelte Regionen

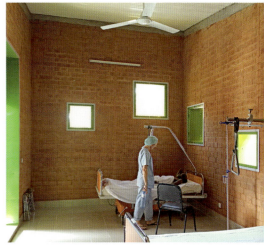

Afritecture aus Berlin:
Schule in Mosambik von Roswag Architekten (links),
LéoClinic in Burkina Faso von Francis Kéré (oben)

Seit ein paar Jahren reden Architektinnen und Architekten wieder verstärkt von ihrer Rolle in der Gesellschaft. Dabei gehört es zum guten Ton, das Engagement für eine bessere Welt zu betonen. Meist geht es um soziale Probleme, denen sie mit ihrem Mittel begegnen: mit Architektur. Viele der Bauten, zumindest die medienwirksamen, stehen in Ländern, deren Regierungen zu schwach sind, ihre Bevölkerung mit dem Nötigsten zu versorgen. Ausstellungen und Bücher haben das Bild vom sozial engagierten Bauen entscheidend mitgeprägt. Unter dem Titel „Think Global, Build Social!" versammelten das Deutsche Architekturmuseum in Frankfurt und das Architekturzentrum Wien rund 20 Projekte, geplant von Architekten aus Europa und den USA. Zu sehen waren – 2013 in Frankfurt und im Jahr darauf in Wien – unter anderem Schulen in Indonesien, Ecuador, Bangladesch und Marokko, ein Frauenzentrum, ein Kulturzentrum. Im MoMA hieß eine ähnliche Zusammenstellung „Small Scale, Big Change". Sie zeigte schon 2011 Beispiele wie eine Seilbahn in einer informellen Siedlung in Caracas oder bezahlbare Wohnungen in Chile und im Libanon. Unter dem Titel „Afritecture" schließlich präsentierte das Architekturmuseum München 2014 die Arbeit von 29 Architektengruppen in zehn afrikanischen Ländern. Es ist das Verdienst dieser Ausstellungen, die alle drei Andres Lepik kuratiert hat, dass sie die Diskussion über den Architekturexport neu befeuern. Ein wenig erinnern sie aber auch an die Zeit, als Stararchitekten in Mode waren. Nur dass es jetzt nicht mehr heißt, wo wir überall bauen, sondern wo wir uns überall engagieren.

Längst nicht alles, was westliche Architekten für eine Gegend mit Problemen und für benachteiligte Menschen planen und bauen, macht die Welt automatisch besser. Umso wichtiger ist die Diskussion darüber, was „sozial engagiertes Bauen" überhaupt bedeutet, was in den betroffenen Regionen sinnvoll und machbar ist, wonach und zu welchem Zeitpunkt wir Projekte beurteilen und welche Rolle das meist dominierende Kriterium Ästhetik spielt.

Zwei Berliner Architekten, Diébédo Francis Kéré und Eike Roswag, arbeiten seit fast 15 Jahren, jeder mit einem eigenen Büro und aus unterschiedlicher Motivation, für sozial Benachteiligte im Ausland. Weit vor vielen anderen, die heute auf dem Gebiet tätig sind, verwendeten sie örtliche Materialien, entwickelten neue bautechnische Lösungen und bildeten die Handwerker vor Ort aus. Beide sind Preisträger des Aga-Khan-Award for Architecture: Roswag für eine 2006 eröffnete Schule in Bangladesch, für die er gemeinsam mit Anna Heringer verantwortlich zeichnet, Kéré für die erste Grundschule, die er 2001 in seinem Heimatort Gando in Burkina Faso baute und in Eigeninitiative finanzierte. Der Preis ist bekannt dafür, die Kriterien für ein Projekt besonders weit zu stecken und darüber hinaus gründlich vor Ort zu überprüfen. Doch nicht nur diese Auszeichnung ist Anlass, beide Architekten in Bezug auf die oben genannten Fragen zu Wort kommen zu lassen. Ihre Arbeitsweise umfasst mehr als die gemeinhin bekannten Eigenschaften des sozial engagierten Bauens.

Dass Diébédo Francis Kéré für seine Bauten in Afrika bekannt ist, erklärt sich aus seiner Biographie. Er wurde 1965 in Burkina Faso geboren und musste schon früh seine

Familie verlassen, um zur Schule gehen zu können, da es in seinem Heimatdorf Gando keine gab. In den 1980er Jahren kam er mit einem Stipendium nach Deutschland, machte sein Abitur und studierte Architektur an der Technischen Universität Berlin. Bereits im Vordiplom wollte er für Gando eine Schule bauen. Als Student musste er nicht nur die Bewohner und Bewohnerinnen seines Dorfes überzeugen, die der Idee anfangs skeptisch gegenüberstanden, sondern vor allem eine Finanzierung finden. Er gründete den Verein „Schulbausteine für Gando e.V." und sammelte 50.000 Dollar. Freunde halfen und auch sein Mentor, der TU-Professor Peter Herrle. Im Jahr 2000 begann der Bau der Schule, die inzwischen erweitert wurde und heute Platz für 500 Schüler bietet. „Es ist nicht nur Leidenschaft und Engagement von Herzen, sondern auch eine Verpflichtung, gegenüber meiner Dorfgemeinschaft, deren Teil ich bin", sagt Kéré. Für Eike Roswag ist ein Bauwerk nicht das Produkt eines Einzelnen, sondern Ergebnis eines Dialogs. Aufgewachsen in einer zehnköpfigen deutschen Großfamilie auf dem Land, studierte er in den 1990er Jahren Architektur an der TU Berlin. Als gelernter Schreiner brachte Roswag ein besonderes Interesse für die bauausführende Seite der Architektur mit. Das war auch der Grund, warum ihn die TU-Professorin Ingrid Goetz 1998 einlud, eine Baustelle des von ihr ins Leben gerufenen Praxissemesters in Mexiko zu betreuen. Das heute als „Design Build" bekannte Seminarangebot, bei dem der Schwerpunkt auf der technischen Umsetzung und nicht auf dem Entwurf liegt und die Studenten nur so viel planen, wie sie auch selbst bauen können, war damals ein Novum in der Lehre der TU.

In Mexiko lernte Roswag, dass man über das handwerkliche Arbeiten eine neue Sprache entwickeln kann, die verbindet.

Friederike Meyer

Kooperation statt Export:
Dachmontage einer Schule der Habitat Initiative Cabo Delgado
in Mosambik (links), Léo-Clinic (rechts) und Arbeit am
Schulgebäude Gando in Burkina Faso (unten)

Viele ehemalige Teilnehmer und Teilnehmerinnen des Mexiko-Programms arbeiten heute in seinem Büro. Flache Hierarchien, positives Denken und respektvoller Umgang miteinander sind die Grundlage der Schulbauten, die er in Bangladesch, in Mosambik und in Pakistan realisiert hat. Eike Roswag formuliert vier Begriffe, die ihm bei seinen Projekten wichtig sind: Beteiligung, Akzeptanz, Reproduzierbarkeit und langfristiges Engagement. Für ihn ist das Bauen im Ausland weder Entwicklungshilfe noch Architekturexport. Er spricht von Zusammenarbeit. „Für die Schule in Bangladesch", erzählt er selbstkritisch, „haben wir einen eckigen Klassenraum gebaut. Das aber entspricht nicht der Lehrphilosophie der Schule, die seit jeher runde Räume nutzt. So sagte mir der Leiter des Schulträgers Dipshikha, dass das Schulhaus nicht ‚das ihre' sei." Roswag hat gelernt, wie wichtig es ist, eine Idee zu kommunizieren und Verständnis füreinander zu finden. Es sei die Voraussetzung dafür, dass die Nutzer den Bau akzeptieren. Nur so gäbe es eine Chance, dass sie ihn pflegen und als Vorbild für weitere Bauten ansehen.

Auch für Diébédo Francis Kéré ist die Arbeit ein täglicher Lernprozess. Die Frauen in seinem Dorf wüssten genau, welcher Lehm sich für den Fußboden und welcher für den Putz eignet und wann man Hölzer erntet, damit sie nicht von Käfern befallen werden. Im Gegenzug bringe er ingenieurtechnische Ideen aus Deutschland ein. Zum Beispiel, dass ein Zementanteil die Lehmsteine haltbarer machen kann oder dass ein Stahldach Schatten spendet und damit die Innenraumtemperatur senken kann. „Die Ästhetik kommt von ganz alleine, sie ergibt sich aus der Technik", sagt er.

In den Bereichen, in denen Kéré und Roswag wirken, muss Architektur einfach und wiederholbar sein – nicht zuletzt, um die Kosten zu senken. Für Dörfer in Mosambik hat Eike Roswags Büro ein Schulhaussystem aus Lehmsteinwänden und Dachbindern aus Bambus entwickelt, die über sechs Meter spannen. Elf Schulen wurden so gebaut, dann war das Geld alle. Roswag hofft, dass eine örtliche NGO das Bausystem übernimmt. Doch einfach ist das offenbar nicht. In Ländern mit korrupten Strukturen geht das Geld oft verborgene Wege; die Einflussmöglichkeiten von Architekten sind an dieser Stelle begrenzt.

Nicht zuletzt ist ein langfristiger Einsatz in einem Gebiet sinnvoll. Francis Kéré warnt vor unserer westlichen Hektik. „Wir arbeiten in sehr fragilen Gemeinschaften, die langsam aufgebaut werden müssen." Wer auf die Schnelle ein Projekt umsetze, könne keine Strukturen zum Weiterentwickeln schaffen. Möglicherweise ist Bescheidenheit die allerwichtigste Eigenschaft, die deutsche Architektinnen und Architekten ins Ausland exportieren sollten. „Ich bin ein Macher, kein Idealist. Ich kämpfe immer noch jeden Tag, dass die Dinge funktionieren", sagt Kéré. „Sicher, wir inspirieren Menschen, die uns brauchen, aber da wird auch viel theoretisiert. Wir sollten das nicht so hochkochen. Unsere Arbeit ist nicht besser als die der Kollegen, die im eigenen Land arbeiten."

Gesundheit, Freizeit & Soziales

Vogelhaus Zoologischer Garten Berlin

Hardenbergstraße 8　　BGF 5.760 m²　　**Lehrecke Witschurke Architekten**　　Bauherrin: Zoologischer Garten Berlin AG
10787 Berlin　　　　　BRI 26.000 m³　　www.lehreckewitschurke.de

Haupteingang

Loop Australien

Neubau eines Tierhauses als Ersatz für einen Vorgängerbau von 1962. Das zehn Meter hohe Kerngebäude mit seiner hellen Klinkerfassade überragt vier amorphe Volierenbereiche, die es an allen vier Ecken umgeben. In diesem Kern sind drei verglaste Freiflughallen untergebracht, die die gesamte Gebäudehöhe einnehmen. Ein ‚Baumwipfelpfad' zwischen den Hallen erlaubt Einblicke in ungewohnter Höhe. An der Westseite der Hallen liegt ein dreigeschossiger Trakt, in dem der Haupteingang, WCs, Personalräume, eine Pflegerwohnung, Technikräume und Reservevolieren liegen. Vier Loops mit Innen- und Außenvolieren schließen an den Kern an und systematisieren die Unterbringung und Präsentation der Vögel geografisch: Der größte ist der Vogelwelt des südamerikanischen Regenwalds, die drei anderen sind den Kontinenten Afrika, Australien und Asien gewidmet.

Freiflughalle

Loop Südamerika

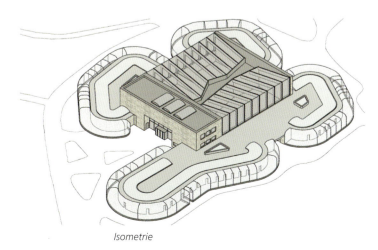

Isometrie

38 Gesundheit, Freizeit & Soziales

Stadtbad Gotha

Bohnstedtstraße 6　　BGF (Bestand)　3.850 m²　**Veauthier Meyer Architekten**
99867 Gotha　　　　BGF (Neubau)　4.550 m²　www.av-a.com
　　　　　　　　　BRI (Bestand)　15.140 m³
　　　　　　　　　BRI (Neubau)　24.050 m³

Neue Schwimmhalle

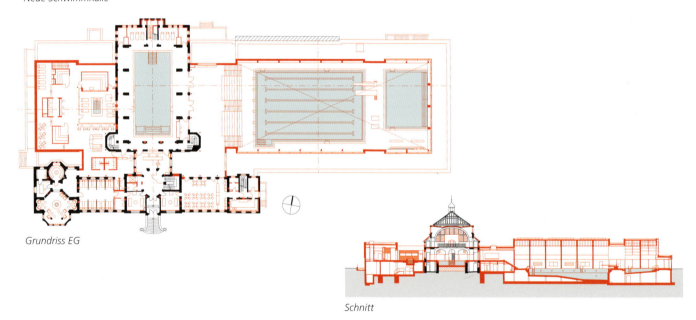

Grundriss EG

Schnitt

Denkmalgerechte Sanierung und Erweiterung eines Jugendstil-Stadtbads von 1909. Zu beiden Seiten der alten Schwimmhalle, die seit der Sanierung als Gesundheitsbad dient, entstanden Neubauten: im Osten die neue Schwimmhalle mit Sportschwimmbecken, Lehrschwimmbecken und Planschbereich, im Westen der neue Saunabereich. Über flache Verbindungstrakte sind die Neubauten mit dem Bestand verbunden. So erhalten die Altbauten trotz der Verdichtung weiterhin ausreichend Licht. Von der Straße aus werden die Neubauten teils vom ehemaligen Gebäude für Sauna-, Dampf-, Wannen- und Duschbäder verdeckt. In ihm liegt heute der alte und neue Haupteingang, zudem entstand hier ein Bistro mit direkter Anbindung an die Badelandschaft. Eine breite Treppe, die bei Veranstaltungen als Tribüne dient, verbindet die neue und die alte Schwimmhalle.

Alte (oben) und neue (unten) Schwimmhalle

Soteria

St. Hedwig-Krankenhaus
Große Hamburger Straße 5–11
10115 Berlin

BGF 550 m²

Jason Danziger
thinkbuild architecture
www.thinkbuild.com

Bauherrin: Alexianer St. Hedwig Kliniken Berlin GmbH

Wohnküche

Blick ins Wohnzimmer

Aktivitätenplan

Innenausbau einer psychiatrischen Station für bis zu zwölf jüngere Schizophreniepatientinnen und -patienten. Soteria – im altgriechischen: Heilung – steht für einen Therapieansatz, der das Milieu ins Zentrum rückt. Kernpunkte sind eine wohnliche Atmosphäre und eine Gemeinschaft, in der sich Behandelnde und Behandelte auf Augenhöhe begegnen. Die Entwicklung des neuartigen raumtherapeutischen Konzeptes zog sich über ein Jahr hin. Raumaufteilung, Farbgebung und die verwendeten Materialien sorgen für eine Atmosphäre der Geborgenheit, die Orientierung, Schutz und nachhaltige Entspannung bietet. Im Sinn einer Wohngruppe auf Zeit stehen alltagsorientiertes Leben und Lernen im Vordergrund. Auch Angehörige haben die Möglichkeit, in der Soteria zu übernachten. Therapeutische Angebote werden in den Alltag integriert. Deshalb ist der Anteil an Räumen, die nur den Behandelnden offenstehen, minimiert.

Patientenzimmer

Sozialtherapeutische Werkstätten

Teltower Damm 269
14167 Berlin

BGF 1.850 m²
BRI 6.105 m³

Numrich Albrecht Klumpp Gesellschaft von Architekten mbH · Grant Kelly
www.nak-architekten.de

Bauherrin: Werkgemeinschaft für Berlin-Brandenburg gGmbH

Ansicht vom Beeskowdamm

Grundriss Obergeschoss

Neubau eines viergeschossigen Werkstattgebäudes. Die neuen Werkstattflächen für Menschen mit Behinderung bieten Raum für 78 zusätzliche Arbeitsplätze. Diese Arbeitsbereiche (mit Lager) sind in den drei unteren Geschossen, Konferenz-, Schulungs- und Verwaltungsräume im 3. Obergeschoss untergebracht. Ein Verbindungstrakt zwischen Alt- und Neubau bietet Räume für die Pausen; in seinem Erdgeschoss liegt der Haupteingang. Fensterbänder in verschiedenen Ebenen bestimmen das Relief der gestreiften Putzfassade. Durch seine markante Form und Farbe setzt der Neubau städtebaulich einen Akzent in dem ausgesprochen heterogenen Gewerbegebiet. Dank der kompakten Gebäudeform, hocheffizienter Wärmedämmung und einer neuen Energiezentrale erreicht das Gebäude annähernd Passivhausstandard.

Ansicht von Süden (oben), Werkstatt (unten)

Pflegeheim für obdachlose Menschen

Waldemarstraße 12a
10999 Berlin

BGF 1.800 m²
BRI 5.475 m³

ZappeArchitekten
www.zappearchitekten.de

Bauherrin: SIEFOS Handelsunternehmen GmbH Potsdam

Wohnküche

Fassadenausschnitt

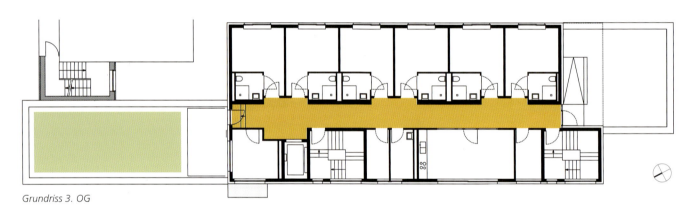

Grundriss 3. OG

Neubau eines Pflegeheims mit 30 Plätzen bis Pflegestufe III. Der Viergeschosser ergänzt ein benachbartes Wohnheim für obdachlose Menschen, dessen Bewohnerinnen und Bewohner bislang ihre neu erworbene Heimat im Quartier verloren, wenn sie pflegebedürftig wurden. Nun können sie ins Pflegeheim umziehen, das im Garten des Wohnheims entstand. Ein schmaler dreigeschossiger Trakt reicht bis zur Baufluchtlinie der Straße; das Haupthaus liegt im ruhigeren Hof, zu dem sich alle Zimmer öffnen. Tiefe Fensterbrüstungen erlauben auch aus dem Bett den Blick nach draußen. Durch vorgefertigte Standardmodule und Fertigbauelemente – etwa bei den Bädern oder beim Bau der Treppen – konnte der Bau besonders kostengünstig realisiert werden. Außen erhielt das Haus über einem Wärmedämmverbundsystem eine zweifarbige Effektputzfassade in Weiß und Anthrazit. Sein Primärenergiebedarf liegt bei 43 kWh/m²·a.

Ansicht vom Gartenhof (oben), Fenster zum Grünen (unten links), Ansicht von der Straße (unten)

Simone Hübener

Made in Berlin
Deutsche Auslandsschulen in Peking, Warschau und Madrid

Visitenkarten des Landes:
Baustelle der Deutschen Schule Madrid (links),
Deutsche Schule Peking (oben)

An Schulen wird in Deutschland dieser Tage viel gebaut. Mal entstehen neue, andere werden veränderten Anforderungen angepasst – man denke nur an den Ganztagsschulbetrieb. Viele deutsche Architektinnen und Architekten haben mit dieser Bauaufgabe also reichlich Erfahrungen gesammelt. Doch wie ist das, wenn man eine deutsche Auslandsschule planen und bauen soll? Bleibt alles, wie man es gewohnt ist, oder bringt ein solches Projekt ganz neue Herausforderungen mit sich?
Momentan gibt es in 70 Ländern dieser Erde insgesamt 141 solcher Auslandsschulen. Die meisten davon haben deutsche Planerinnen und Planer entworfen. Die drei jüngsten Projekte stammen aus der Feder von Architekturteams, die in Berlin ein Büro haben: die Deutsche Schule in Peking von gmp Architekten, die bereits im Jahr 2000 eröffnet wurde, die Willy-Brandt-Schule in Warschau, an der zurzeit noch fleißig gebaut wird, und die Deutsche Schule in Madrid, die 2015 ihre Pforten öffnet.
Drei Projekte in drei Ländern – und doch gab und gibt es für alle drei Planungsteams Gemeinsamkeiten. Alle haben ihren Auftrag über einen Wettbewerb erhalten; alle müssen zwei verschiedene Bauvorschriften beachten – die deutschen und die des Standorts der Schule. Allein das macht eine Kooperation mit einem heimischen Partnerbüro sinnvoll. Außerdem müssen Baumaterialien gewählt werden, die es vor Ort gibt und die gleichzeitig die hiesigen Ansprüche an Energieeffizienz, Nachhaltigkeit und Qualität erfüllen.
Denn die deutschen Auslandsschulen sind immer auch Spiegelbilder Deutschlands: Ohne typisch deutsch zu sein, sollen sie die Bundesrepublik repräsentieren und jungen Intellektuellen vor Ort zeigen, wie attraktiv das Land ist und was in Sachen Baukultur in Deutschland möglich ist. Die Gebäude selbst dagegen sind am Ende nicht miteinander zu vergleichen. Sie sind interkulturelle Schnittstellen, an denen zwei Kulturen miteinander verschmelzen: die deutsche und die des Landes, in dem die Schule steht.
Bereits 1998 war Professor Meinhard von Gerkan mit seinem Team zur Entscheidung des Wettbewerbs um die deutsche Schule in Peking nach China geflogen. Im Gepäck hatten sie den Entwurf für das Schulgebäude und ein Apartmenthaus für Mitarbeiterinnen und Mitarbeiter der deutschen Botschaft, das auf dem gleichen Grundstück gebaut werden sollte. Im dichten Gedränge der damals knapp zehn Millionen Einwohner und Einwohnerinnen zählenden Stadt hatten sie in einem ersten Entwurf die Grundstücksgrenzen bebauen wollen, damit in der Mitte eine geschützte Freifläche für verschiedene Nutzungen entstehen würde. Die Gebäude sollten – so die Vorstellungen des deutschen Architekturteams – die Mauer ersetzen, die den Pekinger Bauvorschriften zufolge auf der Grundstücksgrenze gebaut werden muss. Das sah man in China anders. So plante das Büro nach der Zwischenpräsentation noch einmal komplett um und erarbeitete einen Komplex, der sich auf sich selbst bezieht: mit extrovertierten und introvertierten Räumen, mit hohen und niedrigen Bauten, mit hellen und dunkleren Farbtönen. Und auch ein Komplex, der die chinesische Tradition der Gruppierung von Baukörpern aufnimmt.
Zehn Jahre später, im Januar 2008, gewannen Staab Architekten (im Team mit Levin Monsigny Landschaftsarchitekten) den Wettbewerb um die Willy-Brandt-Schule in Warschau. Die Vorgaben des Bebauungsplans waren bereits in die Auslobung integriert,

sodass die Geschosshöhe, die Abstände und vieles mehr von Beginn an klar waren. Eine andere Entscheidung bedurfte dagegen langer Verhandlungen: Wo sich polnische und deutsche Bestimmungen unterscheiden, würde man sich immer an den qualitativ höheren oder strengeren orientieren. Während die Planungen konkreter wurden, machte sich das Büro auf die Suche nach geeigneten polnischen Partnern. Die fand man in CGA Caba Groszek Architekci. Mit dem Büro aus Breslau arbeitete das Berliner Büro in allen Leistungsphasen zusammen. Mehr noch: Mit den polnischen Kontaktplanern und -planerinnen fand ein intensiver kultureller Austausch statt, der über die Kooperation im engeren Sinne hinausging.

Wenngleich in der Auslobung schon wesentliche Angaben enthalten waren, kam es auch bei diesem Projekt zu einer Überraschung, die erhebliche Umplanungen nach sich zog. In Deutschland sind Klassenräume meist nach Norden ausgerichtet, damit das Tageslicht genutzt werden kann, das Licht aber gleichzeitig nicht blendet und die Wärme der Sonne außen vor bleibt. Ganz anders in Polen: Dort muss in jedes Klassenzimmer sommers wie winters drei Stunden die Sonne scheinen. So wurden die Räume komplett umsortiert. Die Kubatur konnte glücklicherweise erhalten bleiben.

Der Entwurf für diese große Begegnungsschule sieht vier Gebäude vor, zwischen denen Höfe zum Ankommen und für die Pausen entstanden sind. Diese Gliederung in eine Grundschule, ein Haus für die Sekundarstufen I und II, einen Bau mit Aula und Mensa und die Sporthalle ermöglicht es vor allem jüngeren Schülerinnen und Schülern, sich schnell und einfach zurechtzufinden. Dazu trägt auch das Farbkonzept bei, das die Berlinerin Friederike Tebbe entworfen hat und das von einem roten Teppich als Grundbelag ausgeht. Eine breite Magistrale verbindet alles zu einer Einheit und erlaubt es, trockenen Fußes überallhin zu gelangen. Seit dem Umzug Ende 2014 haben die Schüler und Schülerinnen, die bis dahin an zwei verschiedenen Standorten unterrichtet wurden, mehr Möglichkeiten, sich mit all ihren Gemeinsamkeiten und Unterschieden zu begegnen.

Auf Bekanntes und Unbekanntes trafen auch Grüntuch Ernst Architekten bei den Planungen für die neuen Gebäude der Deutschen Schule in Madrid. Die Schule, 1896 gegründet und damit eine der ältesten deutschen Auslandsschulen, soll 2015 von einer „fantastischen Innenstadtlage" – so das Büro – an den Rand der Stadt ziehen: in ein Gebiet, das erst seit 2003 zur neuen Vorstadt entwickelt wird. Für eine Schule ist das ein eher fragwürdiger Ort. Doch der Blick auf die schneebedeckten

Andere Länder, andere Aufgaben:
Apartmenthaus der Deutschen Schule Peking (links),
Deutsche Schule Madrid (rechts) und Visualisierung
der Willy-Brandt-Schule in Warschau (unten)

Berge ist zweifelsohne eindrucksvoll und spielte für das Büro beim Entwerfen eine große Rolle. Groß wird auch die Schule selbst: mit 2.000 Schülern und Schülerinnen und zahlreichen kleineren Kindern. Denn zusätzlich zur Grundschule und zum Gymnasium mit einem gemeinsamen zentralen Bereich und den Gemeinschaftsräumen, wie Mensa, Sporthalle und Aula, wird ein Kindergarten gebaut.

Die Vorstadtlage und der Wunsch, „urbane Qualitäten an den Siedlungsrand zu bringen", erinnerten Grüntuch Ernst Architekten an das von ihnen entworfene Marie-Curie-Gymnasium in Dallgow-Döberitz, das seit 2005 seinen Dienst tut. Ganz anders ist dagegen das Klima im südeuropäischen Spanien. Hohe Temperaturen und große Schwankungen an einzelnen Tagen und im Lauf des Jahres wirkten sich auf den Entwurf aus. Die Architekten planten in den Schulhöfen gezielt verschattete Bereiche und ließen sich bei der Haustechnik von einem bewährten System inspirieren: der römischen Hypokauste. In Kombination mit neuen Elementen wurde unter der Schule ein Thermolabyrinth gebaut, mit dessen Hilfe die einströmende Raumluft im Sommer gekühlt und im Winter vorgeheizt wird.

Den Entwurf kennzeichnen verschiedene Module, die sich wie Bienenwaben zu einem Ganzen zusammenfügen. In den beiden kleineren werden die Kindergartenkinder betreut und die Grundschüler und Grundschülerinnen unterrichtet. Die beiden großen beherbergen das Gymnasium und die Sporthalle. Dazwischen spannen sich – schön geometrisch und vollkommen logisch angeordnet – ein Pausenhof, die Kantine, der sogenannte große Foyerhof und die Aula auf. Die Einzelhäuser sind auf mindestens einer Seite aufgeständert, der Erdgeschossbereich also nicht bebaut, weshalb die Räume ineinanderfließen und nicht strikt voneinander getrennt sind.

Kita der Evangelischen Kirchengemeinde Oberneuland

Hohenkampsweg 4	BGF 1.550 m²	KSV Krüger Schuberth Vandreike	Bauherrin: Bremische Evangelische Kirche
28355 Bremen	BRI 5.825 m³	Planung und Kommunikation GmbH	
		www.ksv-network.de	

Ansicht von Süden

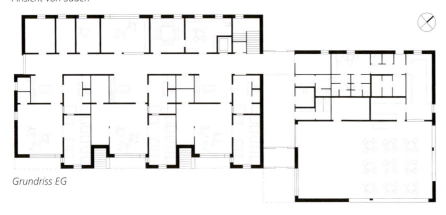

Grundriss EG

Gruppenraum

Neubau einer Kindertagesstätte mit Saalbau. Das Ensemble gliedert sich in drei zweistöckige Gruppenbereiche und den erhöhten eingeschossigen Saal, den Kita und Gemeinde gleichermaßen nutzen: als Mensa, Bewegungsraum und Gemeindesaal. Die Außenhaut ist mit Klinkern in unterschiedlichen Texturen gestaltet. Eingeschnittene Nischen und Freitreppen, die in den Garten führen, gliedern den Gruppentrakt. Sie sind als helle Intarsien abgesetzt. Das Foyer liegt zwischen den beiden Bauteilen, deren Fluchten gegeneinander versetzt sind. Küche und Sanitärbereiche sind im Saalbau untergebracht. Im Erdgeschoss des Kitatrakts liegen drei Gruppen- und Schlafräume für die Bis-Drei-Jährigen, im Obergeschoss drei Gruppenräume für ältere Kinder und eine Kinderküche. Jedem Gruppenraum ist eine Garderobe und ein Sanitärbereich zugeordnet. Für Heizung und Warmwasserbereitung kommt eine Solar- und Wärmepumpe zum Einsatz.

Mehrzwecksaal (oben), Kindergarderobe (unten)

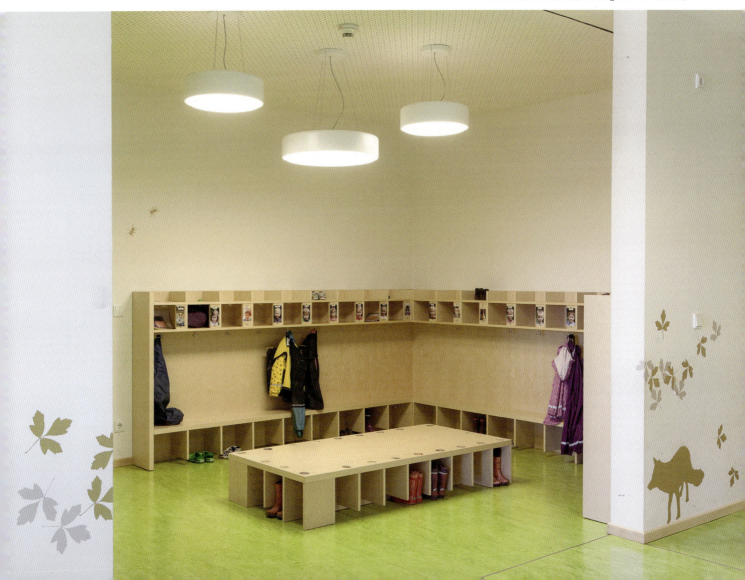

Kita Kinderland

Am Kirchplatz 8 + 10
16909 Wittstock/Dosse

BGF 2.500 m²
BRI 8.600 m³

kleyer.koblitz.letzel.freivogel
gesellschaft von architekten mbH
www.kklf.de

Bauherr: Stadt Wittstock/Dosse

Brücke zwischen den Altbauten

Kinderwerkstatt im Neubau

Garderobe

Sanierung zweier denkmalgeschützter Schulbauten und Erweiterung um ein Servicegebäude. Ein zweigeschossiger Windfang und eine transparente Brücke verbinden die drei Bauten. Alle haustechnisch anspruchsvollen Sanitärräume, der Aufzug und ein neues Treppenhaus sind im Neubau untergebracht. Dadurch blieben die Baudenkmale aus den Jahren 1839 und 1894 vor allzu einschneidenden Umbauten bewahrt. Energetisch wurden sie dagegen umfassend saniert. Die Nutzung als Integrationskita mit Krippe revitalisiert das Ensemble an der Marienkirche. Der vom markanten Giebel des Altbaus abgerückte Neubau fügt sich als Backsteingebäude in die Reihe, bleibt durch sein Fassadenrelief aber als neuer Stadtbaustein erkennbar. Das Projekt erhielt 2014 eine Anerkennung im Otto-Borst-Preis für herausragende Sanierungsbeispiele in Altstadtensembles.

Neubau

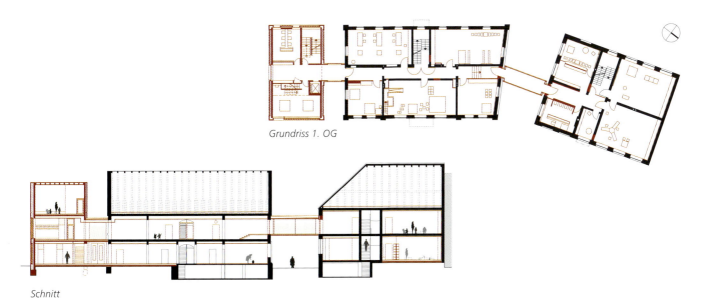

Grundriss 1. OG

Schnitt

Kinderkrippe Landkreis Cloppenburg

Eschstraße 29
49661 Cloppenburg

BGF 430 m²
BRI 1.725 m³

**Arnke Häntsch Mattmüller
Gesellschaft von Architekten mbH**
www.ahm-architekten.de

Bauherr: Landkreis Cloppenburg

Ansicht

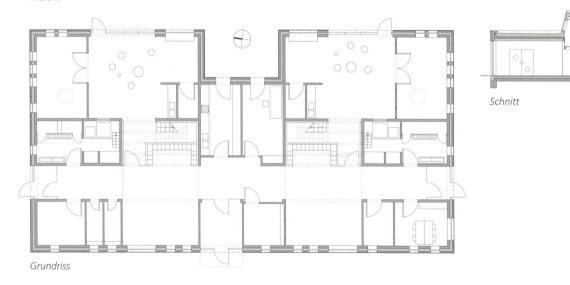

Grundriss

Schnitt

Neubau für die Kinderkrippe der Kreisverwaltung mit zwei Betreuungsgruppen. Das Haus entstand auf dem Grundstück des Kreisamtes. Seine Ziegelfassade fügt sich in das Ensemble aus rotem Mauerwerk ein. Je ein Gruppenraum, ein Spielflur, ein Ruheraum, eine Garderobe, ein Wickelraum und WCs bilden die beiden Kinderbereiche. Sie liegen zu beiden Seiten des zentralen Bereichs, in dem Haupteingang, Küche, Büro und ein Erwachsenen-WC untergebracht sind. In den Gruppenräumen entstanden unter Oberlichtsheds kindgerechte Emporen aus Holz. Mit Netzen gesicherte Bullaugen verbinden sie mit dem jeweiligen Gruppenraum, verglaste Bullaugen mit dem Spielflur. Zur Energieversorgung tragen Solarkollektoren auf den Sheddächern bei. Insgesamt erreicht der Neubau einen Primärenergiebedarf von 116 kWh/m²·a.

Empore unterm Shed (oben), Spielflur mit Garderobe an einem Gruppenraum (unten)

Kinderzentrum Pestalozziplatz

Pestalozziplatz 1
60385 Frankfurt am Main

BGF 1.625 m²
BRI 5.325 m³

HOIDN WANG PARTNER
Barbara Hoidn, Wilfried Wang
www.hoidnwang.de

Bauherrin: Kita Frankfurt, vertreten durch das Hochbauamt Frankfurt

Ansicht von Nordosten

Treppenhaus

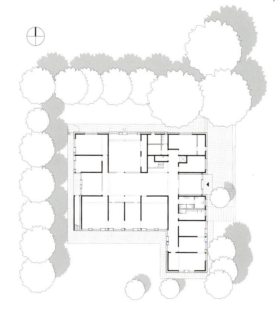

Grundrisse OG (oben) und EG (rechts)

Neubau einer Betreuungseinrichtung für 110 Kinder in zwei Kindergarten-, einer Krippen- und zwei Hortgruppen. Das Passivhaus in Holzbauweise löst einen Holzbau aus den 1940er Jahren ab, in dem der Kindergarten bislang untergebracht war. Es liegt auf einem von Bäumen gesäumten Platz in der denkmalgeschützten Wohnsiedlung Bornheimer Hang von Ernst May. Im Obergeschoss entstand als Teil der Außenspielflächen eine Terrasse, die der winkelförmige Hortbereich von der Straße abschirmt. Das Holzständerwerk der Rahmenwände und die Hohlkastendecken sind mit einer thermischen Masse aus Tonsteinen gefüllt und außen mit Dreischichtholzplatten verkleidet. Dieser hochgedämmte Aufbau senkt im Zusammenspiel mit Passivhausverglasung, manueller Nachtauskühlung, einer Lüftung mit Wärmerückgewinnung, außenliegendem Sonnenschutz und energieeffizienter Haustechnik den Energiebedarf auf maximal 15 kWh/m²·a.

Spielterrasse (oben), Gruppenraum (unten)

Wilhelm-von-Humboldt-Gemeinschaftsschule

Erich-Weinert-Straße 70
10439 Berlin

BGF 8.025 m²
BRI 40.150 m³

Numrich Albrecht Klumpp Gesellschaft von Architekten mbH · Tiemo Klumpp
www.nak-architekten.de

Bauherr: Bezirksamt Pankow von Berlin

Ansicht vom Schulhof

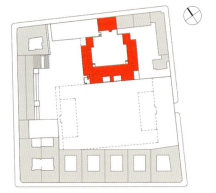

Lageplan

Ansicht vom Sportgelände

Sanierung eines Schulgebäudes bei laufendem Schulbetrieb. Das Baudenkmal entstand von 1912 bis 1916. Ludwig Hoffmann entwarf es als Blockinnenschule: Ein Direktorengebäude schließt bei diesem Bautyp den Schulhof zur Straße ab, das Schulhaus selbst liegt dahinter, abseits der Straße. Im Vorderhaus sind nach dem Umbau Räume für Schulverwaltung und Lehrer untergebracht – auch weil der Brandschutz sonst ein weiteres Treppenhaus erforderlich gemacht hätte. Die Fassade wurde denkmalgerecht repariert; Spuren der Zeiten blieben erhalten. Putzfassaden und Dachflächen des Hauptgebäudes mussten dagegen erneuert werden. Kastenfenster wurden aufgearbeitet, Einfachfenster in den Fluren ausgetauscht. In den Klassenzimmern passen Deckensegel die Raumakustik heutigen Anforderungen an. Das neue Farbkonzept ist eine Adaption der Farbgebung zur Bauzeit.

Vorderhaus (oben links), sanierter Flur (oben rechts), Aula (unten links), Treppenhaus (unten rechts)

Steinwald-Schule

Hanielweg 7
12277 Berlin

BGF (Bestand) 4.475 m²
BGF (Neubau) 420 m²
BRI (Bestand) 13.900 m³
BRI (Neubau) 1.600 m³

Numrich Albrecht Klumpp Gesellschaft von Architekten mbH · Arthur Numrich
www.nak-architekten.de

Bauherr: Bezirksamt Tempelhof-Schöneberg von Berlin

Mensa- und Sportgebäude

Flur im Altbau

Grundriss EG

Umbau und Erweiterung einer Typenschule aus den 1970er Jahren zu einer Schule mit sonderpädagogischem Förderschwerpunkt. Zwischen Sporthalle und Hauptgebäude entstand eine Mensa. Deren gelbe Außenhaut macht sie als Neubau erkennbar; zugleich signalisiert sie den hier liegenden Haupteingang. Die energetisch sanierte Bestandsfassade nimmt das Gelb als Akzent in den Laibungen auf. In der früheren Sporthalle fanden ein Therapiebecken und ein Gymnastikraum mit allen erforderlichen Nebenflächen Platz. Da die äußere Kubatur nicht verändert werden durfte, entstand ein neuer Technikraum für das Schwimmbad unter dem Becken und dem angrenzenden Parkplatz. Die einst engen Mittelflure erhalten durch Aufweitungen und neue Treppenräume mit Aufzügen mehr Licht. Im Erdgeschoss bilden sie einen – wie die ganze Schule barrierefreien – Erschließungsweg, an dem sich Foyer, Mensa, Schul- und Therapiegebäude aneinanderreihen.

Therapiebecken (oben), sanierter Altbau (unten)

:envihab – Institut für Luft- und Raumfahrtmedizin

Campus des DLR Linder Höhe 51047 Köln	BGF 9.400 m² BRI 43.000 m³	**Glass Kramer Löbbert Architekten BDA** **Johannes Löbbert / Johan Kramer** **mit Prof. Uta Graff Architektin BDA** www.glasskramerloebbert.de www.utagraff.de	Bauherr: DLR Deutsches Zentrum für Luft- und Raumfahrt e. V.

Foyer

Schnitt

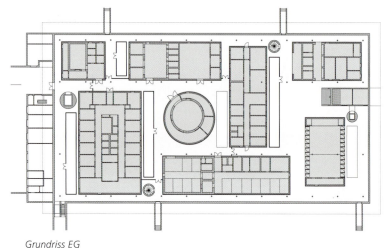

Grundriss EG

Der Neubau erweitert das Institut auf dem DLR-Campus. In ihm sind – vom PET-MRT bis zur Humanzentrifuge und vom Schlaflabor bis zur Unterdruckkammer – acht Einrichtungen untergebracht, in denen die menschliche Gesundheit bei extremen Umweltbedingungen (wie bei Langzeitaufenthalten im All) erforscht wird. All diese Module liegen auf einer Ebene. Jedes bildet ein Haus im Haus. Offene Flächen und Flure um die Module stimulieren den Austausch. Ein raumhohes Stahlfachwerkdach, in das Lichthöfe und Oberlichter eingelassen sind, schwebt in einiger Höhe über der Nutzebene. Es ist Tragwerk und Technikraum in einem. Außen gibt dieses Dach als weiß verkleidete, auskragende Scheibe dem :envihab ein Gesicht. Die eigentliche Nutzebene bleibt unsichtbar. Sie liegt unter einem umlaufenden Fensterband hinter Erdwällen verborgen. Das Bauwerk erhielt den Deutschen Stahlbaupreis 2014.

Gesamtansicht (oben), Flurbereich (unten links), Lichthof (unten rechts)

Fritz-Lipmann-Institut (FLI)

Beutenbergstraße 11
07745 Jena

BGF 10.400 m²
BRI 38.850 m³

archiscape – Architekten
und Landschaftsarchitekten
mit hks | architekten
www.archiscape.de
www.hks-architekten.de

Bauherr: Leibniz-Institut für Altersforschung, Fritz-Lipmann-Institut e. V.

Ansicht von der Terrasse

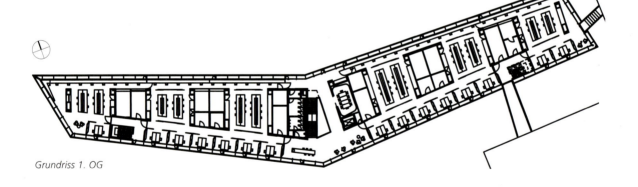

Grundriss 1. OG

Neubau eines biomedizinischen Laborgebäudes mit Versuchstieranstalt für das Institut, das sich der Altersforschung widmet. Stadträumlich bildet das Haus den Auftakt zum Beutenberg-Campus, auf dem das Institut mehrere Gebäude belegt. Am Hang gelegen, folgt der abgewinkelte Bau dem Verlauf der umliegenden Straßen. Eine semitransparente Glasfasermembran legt sich um die geschosshohe Verglasung der Labore. Die Eingangsebene, in der das Foyer und Vortragssäle liegen, bleibt offen. Von einer Terrasse auf der Südseite des Hauses öffnet sich ein Blick über das angrenzende Wohnviertel ins Saaletal. Das Tierhaus für Nager und annuelle Fische liegt unter dieser Terrasse. In den beiden Obergeschossen bilden die Labore fließende, offene Raumfolgen. Kernzonen, in denen Geräteräume, Zellkulturen und technische Peripherie zusammengefasst sind, bündeln die gesamte Installation. In den Laborbereichen selbst sind so keine Installationen sichtbar.

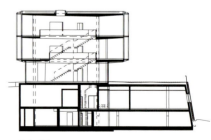

Schnitt

Ansicht von der Straße (oben), Cafeteria (unten links), Labor (unten rechts)

Michael Zajonz

An der Legende bauen
Neue Meisterhäuser und Museen für das Bauhaus

Reflektiertes Erbe:
Neues Meisterhaus Moholy-Nagy (links,
mit der Installation „Le pigment de la lumière"
von Olaf Nicolai), Bauhaus-Archiv Berlin (oben)

Walter Gropius war nicht amüsiert. Obwohl alle Welt das 1919 von ihm in Weimar gegründete Staatliche Bauhaus mit ganz bestimmten Formen, Farben und Materialien assoziierte, lehnte er die Vorstellung eines künstlerischen Stils ab. Die berühmteste Kunstschule des 20. Jahrhunderts war in ihrem Selbstverständnis ein soziales Experiment. Die populäre Wahrnehmung jedoch konzentrierte sich bald auf etwas anderes. „Kurz vor dem Umschwung in Deutschland", schrieb Gropius 1934 missmutig, „war ich damit beschäftigt, ein Buch gegen den Bauhausstil zu schreiben, um damit die Reinheit und Schärfe der Bauhausbewegung gegenüber Modetorheiten zu erhalten."
80 Jahre später befindet sich die Bauhaus-Rezeption im fortgeschrittenen Stadium der Musealisierung. Längst hat sich die Kunstwissenschaft ein differenziertes Bild erarbeitet. Die wenigen echten Bauhaus-Bauten wie Gropius' Meisterhäuser in Dessau werden restauratorisch so penibel angefasst wie gotische Kirchen und gehören zum UNESCO-Welterbe. Seit Jahrzehnten zählt das Bauhaus zu den Exportschlagern deutscher Kultur, zuletzt mit Großausstellungen in Berlin, London und New York.
Das 100. Bauhaus-Jubiläum 2019 führt nicht nur dazu, dass die drei mit der Erbepflege betrauten Institutionen – die Klassik Stiftung Weimar, die Stiftung Bauhaus Dessau und das Bauhaus-Archiv Berlin – ihre seit Jahrzehnten bestehenden Kooperationen ausbauen, sondern derzeit auch an allen drei Standorten neue Bauhaus-Museen planen. Das wirft die Frage auf, ob und wie Architektinnen und Architekten heute auf die Innovationen von einst Bezug nehmen können, ohne ins Historisieren zu verfallen.
Mit den Neuen Meisterhäusern des Büros Bruno Fioretti Marquez sind in Dessau bereits erste Resultate eines reflektierten architektonischen Umgangs zu bewundern. Für die beiden im Mai 2014 eröffneten Ergänzungsbauten der Dessauer Meisterhaussiedlung ist das Schlagwort „Bauen im Bestand" eine glatte Untertreibung. Jahrelang tobte die Diskussion, wie mit der während der Nazizeit durch Umbau entstellten und Anfang März 1945 durch Bomben teilzerstörten Meisterhaussiedlung von Walter Gropius umgegangen werden soll. Deren fünf erhaltene Doppelhaushälften sind zwischen 1993 und 2001 denkmalgerecht saniert worden.
Am Umgang mit der kriegszerstörten Doppelhaushälfte von Laszlo Moholy-Nagy und der ebenfalls mit Ausnahme des Kellergeschosses und der Garage zerstörten Direktorenvilla von Gropius hingegen entzündete sich ein Methodenstreit. Die Bombenlücke und das auf dem Direktorenhauskeller in den 1950er Jahren errichtete biedere Einfamilienhaus akzeptieren und konservieren, den Zustand von 1926 so gut und detailgenau wie möglich rekonstruieren oder die Fehlstellen in einer dezidiert zeitgenössischen Formensprache neu bebauen – das waren die Optionen, für die mit jeweils guten Argumenten gestritten wurde.
Dank des damaligen Direktors der Stiftung Bauhaus Dessau Philipp Oswalt und des als Berater hinzugezogenen Architekten David Chipperfield fiel die Wahl auf einen vierten Weg, der, würde es nicht so abgedroschen klingen, als kritische Rekonstruktion zu bezeichnen wäre. Die historischen Baukörper mit ihren Öffnungen wurden in Volumina und Flächengliederung exakt aufgenommen; allerdings machen die von

Vorgriff auf 2019:
Neues Meisterhaus Gropius (links unten),
Siegerentwurf im Wettbewerb Neues
Bauhaus-Museum Weimar (rechts oben und unten)

Bruno Fioretti Marquez gewählten Materialien – hellgrau schimmernder Dämmbeton und matt beschichtete, transluzente Verbundglasscheiben – unmissverständlich klar, dass es sich um Gebäude der Gegenwart handelt. „Prinzip der Unschärfe" nennt das Berliner Büro sein Konzept, das für Innen wie Außen weitgehend auf Details und sonstige Gemütlichkeiten verzichtet.

Das neue Direktorenhaus dient als Besucherzentrum der Meisterhaussiedlung, die Meisterhaushälfte Moholy-Nagy als Erweiterung des im benachbarten Wohnhaus Lyonel Feiningers untergebrachten Kurt-Weill-Zentrums. Im Innern beider Gebäude entfernten sich Bruno Fioretti Marquez weiter vom historischen Vorbild und entwickelten über mehrere Ebenen geöffnete Räume, in die wie übergroße Möbel weiße Holzbaukonstruktionen eingestellt sind. Als Brücken, Stege, Treppen und Podeste erschließen sie den Innenraum und bieten neben Ausstellungs- und Erlebnisfläche auch Platz für die Wandarbeit „Le pigment de la lumière" des Künstlers Olaf Nicolai.

Da die historischen Gebäude der Stiftung weder genügend Ausstellungsfläche noch die konservatorischen Rahmenbedingungen für eine dauerhafte Präsentation empfindlicher Originale bieten, schlug Philipp Oswalt bereits 2009 vor, zwischen Bauhaus-Gebäude und Meisterhaussiedlung ein Bauhaus-Museum zu errichten. Nachdem die Kontroverse um den Standort – zuletzt wurden drei Alternativen geprüft – zugunsten des Dessauer Stadtparks entschieden worden ist und Oswalt die Verlängerung seines Vertrags gekostet hat, hofft die neue, seit August 2014 amtierende Bauhaus-Direktorin Claudia Perren auf eine zügige Realisierung des mit 25 Millionen Euro Baukosten kalkulierten Projekts: „Die Landesregierung Sachsen-Anhalt hat uns ihre Unterstützung zugesagt. Jetzt warten wir noch auf das Geld vom Bund. Dann legen wir los und hoffen, den offenen Wettbewerb zum Bauhaus Museum Dessau noch Ende des Jahres 2014 ausschreiben zu können."

Auch die Klassik Stiftung Weimar baut für ihre rund 10.000 Objekte umfassende Bauhaus-Sammlung ein neues Museum. Es soll das Provisorium am Theaterplatz ersetzen. Weimar, von 1919 bis 1925 erste Heimstatt des Bauhauses, wählte einen Bauplatz zwischen dem ab 1937 errichteten NS-Gauforum und der Neuen Weimarhalle Meinhard von Gerkans. Keine leichte Aufgabe für das 2012 als Gewinner aus dem offenen mehrstufigen internationalen Architekturwettbewerb hervorgegangene Berliner Duo Heike Hanada mit Benedict Tonon, die mit einem kubischen Solitär auf das städtebaulich disparate Umfeld reagieren.

Der mit horizontalen Streifen aus satiniertem Glas verkleidete Baukörper wird nachts magisch zum Leuchten gebracht. Eine Referenz an den letzten Bauhaus-Direktor Ludwig Mies van der Rohe ist der steinerne Sockel, der das Museum aus dem Alltagstrubel heraushebt. Formal besetzt Heike Hanada, wie sie in

Michael Zajonz

einem Interview erklärt, damit „eine Zwischenposition zwischen klassischer Architektur und klassischer Moderne". Den Museumsvorplatz gestaltet das Büro Vogt Landschaftsarchitekten. Baubeginn wird nach derzeitigem Stand nicht vor Ende 2015 sein, sodass mit der Eröffnung wohl erst 2018 zu rechnen ist. Noch ambitionierter fällt der Zeitplan mit Blick auf das Jubiläumsjahr 2019 beim Erweiterungsbau des Berliner Bauhaus-Archivs aus. Von Anfang an war das nach Plänen von Walter Gropius errichtete, 1979 eröffnete Gebäude an der Klingelhöferstraße mit seiner Doppelfunktion als Forschungsarchiv und Museum für Gestaltung räumlich überfordert. 2005 entschied das Tokioter Büro SANAA einen Wettbewerb zur Erweiterung für sich. Das Vorhaben scheiterte am vorgegebenen Finanzierungsmodell einer Public-private-Partnership. Nach Jahren des politischen Stillstands bekennen sich nun das Land Berlin und der Bund gleichermaßen zum völligen Neustart des Projekts. Die Architektenkammer Berlin hatte sich dabei für einen offenen Wettbewerb eingesetzt. Annemarie Jaeggi, seit 2003 Direktorin des Bauhaus-Archivs, setzt darauf, „dass wir Ende 2014 den Wettbewerb ausschreiben können. Ich hoffe, dass wir 2016 den ersten Spatenstich erleben werden." Die Uhr tickt auch jenseits der nahenden Jubiläen: 2013 drängten rund 115.000 Besucherinnen und Besucher – größtenteils aus dem Ausland – ins Haus, Tendenz weiter steigend.

Mit dem Neubau auf dem vorderen Grundstücksteil wird eine funktionale Neuordnung möglich: Der denkmalgeschützte Altbau wird künftig neben der Bibliothek und dem Archiv, das 2.300 Menschen im Jahr nutzen, Räume für Veranstaltungen und museumspädagogische Angebote aufnehmen. Endlich, so Jaeggi, würden dann seine derzeit geschlossenen Fenster wieder geöffnet, die Erschließungsbrücke als promenade architecturale erlebbar und Gropius' Spätwerk als gelungenes Beispiel der Harvard-Architektur der 1960er Jahre in der Nachfolge von Josep Lluís Sert gewürdigt.

Der Neubau soll auf 2.300 Quadratmetern Raum für Dauer- und Sonderausstellungen bieten. Wie er beschaffen sein sollte? „Er muss sich respektvoll gegenüber dem Bestandsgebäude verhalten", sagt Annemarie Jaeggi, „doch verwurzelt sein im Hier und Heute." Stildiskussionen hat das historische Bauhaus schließlich schon genug provoziert.

Neubau zum Kleist-Museum

Faberstraße 6–7
15230 Frankfurt (Oder)

BGF 1.750 m²
BRI 6.775 m³

Lehmann Architekten
www.lehmann-architekten.de

Bauherrin: Stadt Frankfurt (Oder), Dezernat Stadtentwicklung, Bauen, Umweltschutz und Kultur, Amt Zentrales Immobilienmanagement

Ansicht von Osten

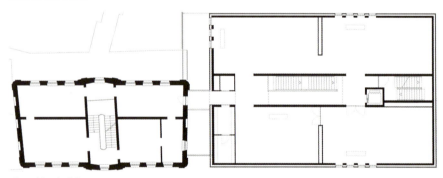

Grundriss 1. OG

Der Erweiterungsbau für das Dichtermuseum entstand als eigenständiges Gebäude, das durch einen gläsernen Übergang mit der spätbarocken ehemaligen Garnisonsschule von 1778 verbunden ist. Als neuer Stadtbaustein bleibt das Haus mit einer Natursteinfassade aus Dolomit erkennbar zeitgenössisch, passt sich aber in Geschosszahl und -höhen dem Altbau an. Der Eingang zum Museum liegt im Neubau. Hier sind im Erdgeschoss Foyer, Garderobe, Cafeteria, ein Veranstaltungsbereich und die Museumspädagogik angeordnet. Eine Treppe führt hinauf zur gebäudeübergreifenden Dauerausstellung. Im obersten Geschoss des Neubaus sind Forschung und Verwaltung des Museums mit Bibliothek und Seminarraum, im Untergeschoss Archiv und Technik untergebracht.

Bestand und Erweiterung (oben), Lichthof an der Bibliothek und Entree im Neubau (unten)

1914 – Mitten in Europa

Kokerei Zollverein
Arendahls Wiese 3
45141 Essen

BGF 2.200 m²
BRI 18.000 m³

steiner.ag – Arbeitsgemeinschaft für Architektur und Design · Prof. Jürg Steiner
www.steiner.ag

Bauherren: LVR-Industriemuseum Oberhausen und Ruhr Museum Essen

Schlachtfeldschrott aus Nordfrankreich und Gefallenentafeln von Krupp auf Ebene 4

Auftakt: Die Zeit vor dem Ersten Weltkrieg auf Ebene 5

Gestaltung einer Sonderausstellung zum Ersten Weltkrieg. Die Mischanlage der Kokerei Zollverein in Essen wurde auf drei Gesamt- und drei Teilebenen mit 2.500 ausgestellten Objekten bespielt. Exponate und Raum verschmolzen dabei zu einer Einheit. Die Schau begann im südlich vorgelagerten Wiegeturm und setzte sich – nach einer Fahrt mit der Standseilbahn – von den oberen zu den unteren Ebenen fort. Um in dem nicht klimatisierten Gebäude Originalobjekte zu präsentieren, wurde eine gläserne Binnenarchitektur entwickelt, die die konservatorischen Anforderungen erfüllte. Alle Einbauten bestanden aus Modulen, die die Veranstalter nach Ausstellungsende weiter verwenden können.

Zeit nach 1918 auf Ebene 3 (oben), „Heimatfront" auf Ebene 4 (unten links), Installation im Bunker auf Ebene 4 (unten rechts)

Vitrine

Breite Straße 7
14467 Potsdam

Höhe 9,80 m
Breite 7,05 m
Tiefe 3,10 m

Müller-Stüler und Höll Architekten
www.msh-architekten.de

Bauherr: FWG Potsdam e. V.

Ansicht von der Straße

Ansicht Ost mit Größenvergleich

Neubau einer Schauvitrine aus verzinkten Stahlträgern und transparentem Edelstahlgewebe. In der Vitrine wird vorübergehend die originalgetreu rekonstruierte, fast neun Meter hohe Wetterfahne der Potsdamer Garnisonskirche präsentiert. Die Kirche war im April 1945 ausgebrannt, ihre Ruine 1968 gesprengt worden. In den nächsten Jahren soll sie wieder aufgebaut werden. Die vergoldete, schmiedeeiserne Wetterfahne ist ein erster Schritt dieser Rekonstruktion. Sie soll nach Fertigstellung des Bauwerks die Spitze des Kirchturms bilden. Die Vitrine selbst kann demontiert und bei Bedarf an anderer Stelle wieder aufgebaut werden.

Transparentes Edelstahlgewebe

Gedenkstätte Hohenschönhausen

Genslerstraße 66
13055 Berlin

BGF 9.475 m²
BRI 35.325 m³

HG Merz GmbH
www.hgmerz.com

Bauherrin: Senatsverwaltung für Stadtentwicklung und Umwelt, Berlin

Steg im Leiterzimmer

Prolog zur Ausstellung

Kellergefängnis „U-Boot"

Seminarraum im Garagentrakt

Integration eines barrierefreien Museumsbetriebs mit Dauerstellung in die denkmalgeschützten Bauten der Zentralen Untersuchungshaftanstalt der DDR-Staatssicherheit. Das Konzept unterscheidet klar zwischen der authentischen Substanz, die als Schauplatz von Verfolgung und Leiden unangetastet bleiben soll, und der Dokumentations- und Ausstellungsebene. Eingriffe bleiben auf Distanz: Der Rundweg zieht sich gleich einem Steg durch das Hauptgebäude. So bleiben die empfindlichen Originalböden geschützt. Aus dem Steg wachsen Tafeln und Vitrinen als zweite Raumschicht. Projektionen liefern weitere Informationen. Einzig der Raum im Zentrum des Hauptgebäudes wurde mit Zustimmung der Denkmalpflege zur neutralen Ausstellungshalle ausgebaut. Funktionsräume wie Empfang, Café, WCs, Shop und Seminarräume sind dagegen in den weniger denkmalwürdigen Garagen untergebracht.

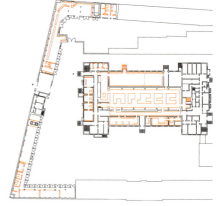

Grundriss EG

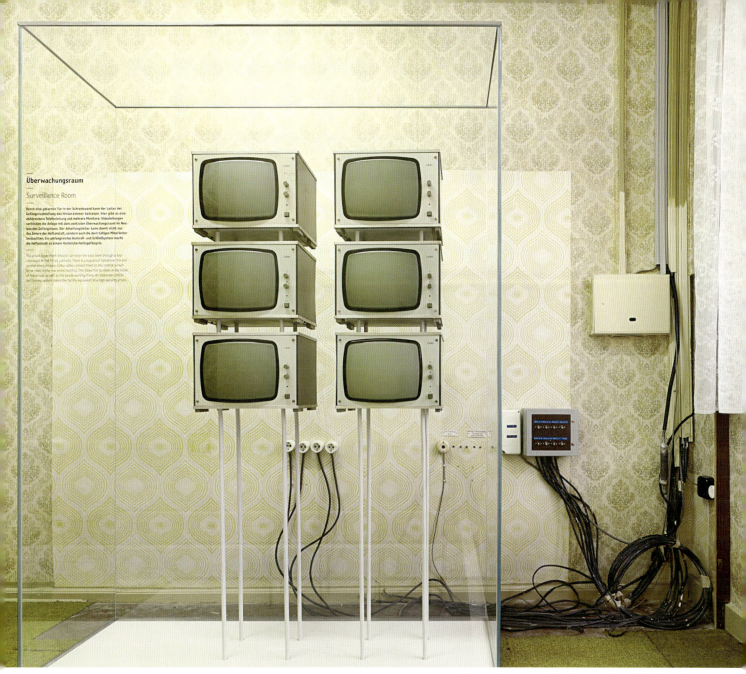

Überwachungsraum (oben), Ausstellungshalle (unten)

Constanze A. Petrow

Parks statt Mauern
Grüne Freiräume als Orte der Erholung und Erinnerung
an der ehemaligen innerstädtischen Grenze

Zwei Berliner Bauwerke sind symbolisch eng miteinander verknüpft: Das Brandenburger Tor steht für die deutsche Einheit, die Mauer für die deutsche Teilung. Während das Tor saniert, vom Verkehr befreit und bei Dunkelheit angestrahlt zum Fotomotiv Nummer eins geworden ist, ist die Mauer schlichtweg verschwunden – aus dem Stadtraum, aber auch aus dem Alltagsbewusstsein der Berlinerinnen und Berliner.
Die Mauer ist weg. Übereifrig hatte man das verhasste Bauwerk 1990 abgeräumt und seine Einzelteile in alle Welt verkauft. Doch schon bald suchten Besucherinnen und Besucher der Stadt ebenso wie Zugezogene nach Spuren, und ganz allmählich wurde man sich des touristischen Potenzials der Mauer bewusst. Eine doppelte Kopfsteinpflasterreihe zu verlegen, die ihren Verlauf in den Innenstadtbezirken markiert, war einer der ersten Schritte in diese Richtung. Der physischen Zerstörung der Mauer folgte alsbald ihre Wiederauferstehung als stadtgestalterisches Narrativ.
Währenddessen war Berlin längst im Begriff, zu einer Erinnerungslandschaft zu werden, einem Schauplatz jener „Geschichtsversessenheit" (Aleida Assmann), die die deutsche Kultur seit den 1990er Jahren prägt. In großer Zahl entstanden Denkmale für die Opfer der NS-Diktatur und Informationsangebote an Orten des Verbrechens, zentral wie dezentral und meist auf Initiative von unten. Im Schatten der Aufmerksamkeit für diesen Erinnerungstopos wurden Orte der Erinnerung an die Mauer geschaffen, eingebettet in die planerische Herausforderung, das Niemandsland zwischen Ost und West wieder in den Stadtkörper zu integrieren. Diese Orte der Erinnerung waren damit vielfach „von oben" initiiert.
Heute, gut 25 Jahre nach dem Fall der Mauer, präsentiert sich die Stadt als geheilt: Die bis zu 500 Meter breite Schneise zwischen Ost und West ist begrünt, bebaut und an immer weniger Stellen eine Brache. Wer durch die Innenstadt geht, kann die Zäsur kaum noch erkennen. Wer dagegen Angebote sucht, um die räumliche Dimension des einstigen Todesstreifens zu begreifen und das Leben im geteilten Berlin wenigstens ansatzweise nachzuvollziehen, wird fündig. In vielen kleinen und leisen, aber auch großen und aufwändigen Projekten haben Landschaftsarchitekten und Landschaftsarchitektinnen Orte geschaffen, deren Gestaltungen Hinweise auf die Mauerzeit geben. Zu allererst sind es jedoch Orte der Erholung. Sie repräsentieren die Landschaftsarchitektur der 1990er und 2000er Jahre ebenso wie sie fünf charakteristische Typen der Berliner Freiraumplanung verkörpern.

Mauerpark
Beginnen wir mit jenen neuen Parks, deren Gestaltung den tradierten Vorstellungen von einem Stadtpark widerspricht. Gemütlich wollen sie nicht sein, romantisch schon gar nicht. Sie kommen mit wenigen Bäumen aus und gänzlich ohne Blumen. Zu diesem Typ gehören der Tilla-Durieux-Park von DS Landschapsarchitekten und der Invalidenpark, den Christophe Girot entwarf, aber auch der Mauerpark. Gelegen an der Schnittstelle von Prenzlauer Berg und Wedding, wurde er 1994 eröffnet und war damit der erste gestaltete Freiraum auf dem Mauerstreifen. Park zu sein bedarf es

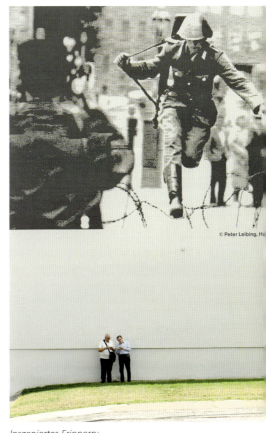

Inszeniertes Erinnern:
Sichtbar gemachter Mauerverlauf (links)
und Brandwand mit Foto (oben)
an der Gedenkstätte Berliner Mauer

(auch hier) wenig: Ein Hang mit ein paar Pyramidenpappeln, Säuleneichen, Zierobstbäumen und Schaukeln, eine alte Kopfsteinpflasterstraße, ein Birkenhain, eine riesige Wiese. Die übrigen Strukturen konzipierte der Hamburger Landschaftsarchitekt Gustav Lange aus grob behauenen Granitblöcken: ein Amphitheater, Sitzbereiche und ein Wasserbecken, an dessen Stelle aus Kostengründen ein Basketballfeld angelegt wurde. Seine Geschichte trägt der Park nicht nur im Namen. Rund 300 Meter der Hinterlandmauer am Friedrich-Ludwig-Jahn-Stadion sind erhalten. Markiert wurde auch die Lage alter Grenzpfosten auf der Kopfsteinpflasterstraße. Diese wiederum zeugt von einer noch früheren Zeitschicht: der Vergangenheit des Areals als Güterbahnhof. Kaum ein Park ist so typisch Berlin wie der Mauerpark: bunt, laut und ein bisschen shabby. Jeder Stein, jeder Baum ist mit Graffiti bedeckt. Zusammen mit dem Café Mauersegler, einem Flohmarkt und Straßenkünstlern, die den Park zu ihrer Bühne machen, manifestiert sich im Mauerpark ein Stück urbaner Subkultur. Die Klientel ist jung und multikulturell, der Park äußerst beliebt – und völlig übernutzt. Mit erstaunlicher Durchhaltekraft kämpfen die „Freunde des Mauerparks e.V." dafür, dass der Park auf seine ursprünglich geplante Größe nach Westen erweitert und damit die Ursprungsidee realisiert wird, an dieser Stelle Ost und West durch einen Freiraum zu verbinden.

Constanze A. Petrow

Rau statt romantisch:
Karaoke im Mauerpark (links oben und unten),
Quickpiece-Graffiti auf einer Sitzskulptur
im Park am Nordbahnhof (rechts)

Park am Nordbahnhof
Nicht weit vom Mauerpark entfernt liegt einer jener Parks, deren wilde Natur von langen Zeiten des Brachliegens erzählt: der Park am Nordbahnhof. Bekanntester Berliner Vertreter dieses Typs ist der Naturpark Schöneberger Südgelände; auch seine Geschichte geht auf die Teilung der Stadt zurück. Das Gelände des 2009 eröffneten Parks am Nordbahnhof gehörte zu den Grenzanlagen. Sein Dornröschenschlaf begann erst nach dem Mauerfall. Heran wuchs eine reiche Sukzessionsvegetation, Birken und Gräser dominieren hier. Die Landschaftsarchitekten vom Büro Fugmann Janotta ließen kleine Nutzungsinseln in eine große wilde Wiese legen. Metallstege verbinden sie mit dem Hauptweg, einer schnurgeraden Achse, deren Fluchtpunkt der Fernsehturm ist. Wie einst der Bahnhof liegt auch der Park drei Meter über Straßenniveau; eine alte Klinkermauer stützt das Gelände ab. Von der Vergangenheit zeugen weitere Reste der Bahnnutzung, aber auch die Hinterlandmauer, Teile des Postenwegs der Grenztruppen und unterirdische Grenzanlagen im ehemaligen Stettiner Tunnel, zu betrachten durch ein archäologisches Fenster. Und wie in der gesamten Innenstadt markiert auch hier eine doppelte Kopfsteinpflasterreihe den früheren Mauerverlauf. Aufmerksame Besucher lädt die Gestaltung damit auf eine Zeitreise in gleich drei Epochen ein: die Zeit als Bahngelände, die Zeit der Mauer und die Zeit der Vergessenheit des Areals nach der Wiedervereinigung.

Gedenkstätte Berliner Mauer
Als Drittes entstanden auf dem Mauerstreifen Orte, die explizit dem Gedenken gewidmet sind. Für die NS-Verbrechen nimmt das Denkmal für die ermordeten Juden Europas dabei eine besondere Stellung ein. Ähnlich fungiert die Gedenkstätte Berliner Mauer an der Bernauer Straße für das Mauergedenken. Die Landschaftsarchitekten des Büros sinai entwarfen die Gedenkstätte als eine Folge von Themenstationen in einem weitläufigen Streifen Grün. Mit Cortenstahl wurde die Lage von Grenzanlagen, Fluchttunneln und abgerissenen Gebäuden nachgezeichnet. Fundamente wurden freigelegt und große Fotos von Mauerbau und Flucht auf Brandwänden angebracht.

„Ereignismarken" im Boden verweisen auf Geschehnisse vor Ort. Ein „Fenster des Gedenkens" gibt all jenen ein Gesicht, die beim Fluchtversuch ihr Leben ließen. Während viele Berliner Orte der Erinnerung an die Mauer vor allem deren Überwundensein thematisieren und – wie die East Side Gallery – in ihrer Atmosphäre optimistisch, ja sogar ausgelassen sind, lässt dieser hier erschauern.

Mauerweg und Grünes Band

An der Gedenkstätte entlang führt der Mauerweg. Er ist Teil einer komplexen Infrastruktur aus Rad- und Wanderwegen, die Erholungsorte verbinden und an überörtliche Routen anknüpfen und damit einen vierten Freiraumtyp konstituieren. Der Mauerweg führt um den ehemaligen Westteil der Stadt herum. Beschilderungen, Übersichtspläne, Infostelen und Stationen der Geschichtsmeile Berliner Mauer bieten Orientierung und Information. Teilweise begleitet der Mauerweg das Grüne Band Berlin. Es ist Teil des European Green Belt, einer Folge wertvoller Naturräume, die sich entlang des Eisernen Vorhangs vom Schwarzen Meer bis hinauf zur Barentssee entwickeln konnten und europaweit bewahrt werden sollen. In Berlin besteht das Grüne Band aus Parks und vielen weiteren Grünräumen zwischen der Innenstadt und dem nordöstlich gelegenen Naherholungsgebiet Barnim. Bürgerschaftliches Engagement ist gefragt, um die umfangreichen Flächen zu pflegen und weiterzuentwickeln.

Pariser Platz

Professioneller Pflege bedarf dagegen der letzte hier erwähnte Berliner Freiraumtyp, die gartendenkmalpflegerische Rekonstruktion. Viele solcher Anlagen gibt es in Berlin inzwischen, darunter wenig bekannte Kleinode wie den Invalidenfriedhof oder den Luisenstädtischen Kanal mit dem Engelbecken am Übergang zwischen Mitte und Kreuzberg. Jedem vertraut, aber in seiner gartenarchitektonischen Gestaltung vielfach übersehen ist der Pariser Platz. Es fällt schwer, sich die Leere vorzustellen, die diesen Stadtraum 28 Jahre lang geprägt hat. Als um die Jahrtausendwende die Randbebauung auf dem Stadtgrundriss der Vorkriegszeit im Sinne der kritischen Rekonstruktion entstand, war die Platzgestaltung schon da – nach gartenarchäologischen Grabungen originalgetreu rekonstruiert durch Klaus von Krosigk, Berlins obersten Gartendenkmalpfleger. Zu beiden Seiten des Platzes erstrecken sich Schmuckparterres mit Staudenpflanzungen und gepflegten Rasenflächen. In der Mitte sprudeln Brunnen, Eibenkugeln markieren die Ecken. Guss-

Stille im Zentrum:
Holocaust-Mahnmal (links) und
Mauerweg am Invalidenfriedhof (rechts)

eiserne Gitterchen umfassen die Flächen. Sie signalisieren, dass der Rasen nicht betreten werden soll. Vielleicht liegt genau darin der entscheidende Unterschied zu einer zeitgenössischen Gestaltung: dass das Grün ein Ruhepol bleibt im aufgeregten Treiben dieses Ortes um das Brandenburger Tor.

Die nach 1990 in Berlin entstandene Landschaftsarchitektur zeigt im Kontrast zum Freiraum der Moderne eine große gestalterische Vielfalt. Im Gegensatz zur Geschichtsvergessenheit des Wiederaufbaus nach dem Krieg halten die Freiräume zudem Vergangenheit lebendig: durch gesicherte Spuren und Relikte früherer Nutzungen, durch Denkmale und Gedenkstätten, durch urbane Wildnis, die sich dem Brachfallen verdankt, und durch gartendenkmalpflegerische Rekonstruktionen. Selbst dort, wo kein bewusst gesetztes Zeichen das Erinnern an die Zerstörungen durch Krieg und Mauerzeit forciert, ist ein solches da – subtil, aber untrüglich: Dem Gebauten, so alt es auch zu sein vorgibt, fehlt Patina.

Berlin hat die Leerstelle in seiner Mitte gefüllt. Vor allem aber hat es die Chance genutzt, den breiten Streifen, den die Grenzanlagen einnahmen, nicht zuzubauen, sondern in weiten Teilen als Freiraum zu bewahren und die skandalöse Leere eines Todesstreifens mitten in der Stadt durch die Lebendigkeit öffentlicher Räume zu ersetzen.

Gedenkstätte an der Judentreppe

Fischerstraße
16259 Bad Freienwalde (Oder)

Fläche 500 m²

Henningsen Landschaftsarchitekten BDLA
mit olaf beckert architektur + denkmalpflege
www.henningsen-berlin.de

Bauherrin: Stadt Bad Freienwalde (Oder)

Davidstern am Eingangstor

Obstbaum in Blüte

Mauer aus Altziegeln

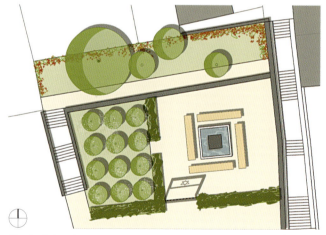
Plan im Entwurf

Neuanlage einer Gedenkstätte auf dem ehemaligen Standort des jüdischen Gebetshauses. Eine neue Mauer aus alten Ziegeln begrenzt zum Hang hin den symbolischen Betraum. In dessen Zentrum erinnern Granitblöcke um ein Granitbecken an die Mikweh, das rituelle Reinigungsbad. Das Eingangstor aus rostigen, verbogenen Stahlträgern schmückt ein goldener Davidstern – als Zeichen des Fortlebens des jüdischen Glaubens. Zur Straße grenzt eine Buchenhecke den Gedenkort ab. Auf dem Hang wurden zwölf Obstbäume gepflanzt – einer für jeden der zwölf Stämme Israels.

Ansichten von Südosten (oben) und von Norden (unten)

KIT Campus

Karl-Wilhelm-Straße 1
76131 Karlsruhe

Fläche 6.200 m²

Tancredi Capatti
Matthias Staubach
www.capattistaubach.de

Bauherr: Land Baden-Württemberg, Vermögen und Bau, Karlsruhe

Hölzerne Spielwand

Spiegelnde Edelstahlwand

Plan

Gestaltung von Außenräumen am Karlsruher Institut für Technologie (KIT). An das Gelände grenzen denkmalgeschützte Altbauten, Institutsgebäude aus den 1960er Jahren und der Neubau des KinderUniversums, einer Betriebskindertagesstätte des KIT mit Kinderhotel. Um diesen unterschiedlichen Anliegern gerecht zu werden, ist die Fläche in Schollen unterteilt, die Pflasterflächen oder Rasenplateaus bilden. Die Freifläche der Kita ist leicht abgesenkt. An ihrer Südseite wird sie vom Haus, an ihrer Ostseite von einer hölzernen Spielwand abgeschlossen. Im Westen bildet ein Heckenelement mit runden Spielkabinetten ihre Grenze. Im Norden schließlich begrenzt den Kitabereich eine spiegelnde, edelstahlverkleidete Mauer, die als optisch zurückhaltende, mit Magneten bespielbare Barriere dient, die visuelle Erlebbarkeit des Gesamtraums aber kaum schmälert.

Blick vom (oben) und zum KinderUniversum (unten)

Freiflächengestaltung Campus Westend der Goethe-Universität

Grüneburgplatz 1
60323 Frankfurt am Main

Fläche
125.000 m²

**TOPOS Stadtplanung
Landschaftsplanung Stadtforschung**
www.topos-planung.de

Bauherr: Land Hessen, vertreten durch HBM (Hessisches Baumanagement), Regionalniederlassung Rhein-Main

Plan

Westliches Parkband

Baum an der Mensa

Um- und Neugestaltung des Universitätscampus. Der Campus mit dem denkmalgeschützten IG-Farben-Haus von Hans Poelzig ersetzt die bisherigen Unistandorte in Bockenheim. Das IG-Farben-Haus ist städtebauliche Dominante und südlicher Abschluss der Anlage. Von seiner Rückseite ziehen sich zwei Parkbänder nach Norden, an denen weitere Unibauten liegen. Die ersten von ihnen sind gebaut, weitere in Vorbereitung. Im Zentrum des Campus verbindet – zwischen dem zur Mensa erweiterten Casino und dem neuem Hörsaalzentrum – ein Platz mit Wasserbecken die grünen Bänder. Asphaltierte Straßen und Wege erschließen den autofreien Campus. Grünverbindungen verknüpfen die beiden Parkbänder mit den angrenzenden Stadträumen und dem im Westen anschließenden Grüneburgpark.

Blick über den Campusplatz auf Mensa, IG-Farben-Haus und City (oben), Terrassengarten (unten)

Kesselbrink

| Kesselbrink 1 33602 Bielefeld | Fläche 25.000 m² | **Lützow 7 – C.Müller J.Wehberg Garten- und Landschaftsarchitekten** www.luetzow7.de | Bauherrin: Stadt Bielefeld |

Plan

Baumterrassen

Ansicht von Norden

Umgestaltung eines Stadtplatzes. Der Kesselbrink ist einer der größten innerstädtischen Freiräume Bielefelds: halb Grünanlage, halb Platz. Baumreihen im strengen Pflanzraster rahmen die Anlage. Als Hauptart wurden Schwedische Mehlbeeren, als Akzente Französischer Ahorn, gefülltblühende Vogelkirschen und Geweihbäume gepflanzt. Diese Boskette liefern als Passepartout die räumliche Fassung, die die heterogene Bebauung schuldig bleibt. Hecken grenzen die umlaufende Promenade zu den Straßen ab. Die Grünbereiche im Süden und Norden sind topografisch erhöht. Terrassierungen und Sitzmöglichkeiten steigern die Aufenthaltsqualität. Die steinerne Platzmitte bleibt offen und kann für unterschiedlichste Veranstaltungen genutzt werden. Am Westrand entstand ein Wasserspiel, am Ostrand ein großer Skatepark mit BMX-Plaza.

Holz- (oben) und Rasenplateaus (unten)

Marktplatz Rheydt

Markt 11
41236 Mönchengladbach

Fläche
17.000 m²

Planorama Landschaftsarchitektur
www.planorama.eu

Bauherrin: Stadt Mönchengladbach

Plan

Marktterrassen

Sitzelement am Kirchenplateau

Neugestaltung eines Stadtplatzes. Das Projekt ist Kernstück des Innenstadtkonzepts Rheydt, einer Maßnahme im Programm Soziale Stadt, die dem Stadtteil wirtschaftliche und soziale Impulse geben soll: Als attraktiver Freiraum steigert der Platz die Lebensqualität in Mönchengladbach-Rheydt. Die Anlage gliedert sich in drei Bereiche. Am Westrand bilden von Kirschbäumen bestandene Marktterrassen, die eine wenig attraktive Pavillonbebauung ersetzen, einen grünen Saum. Den Ostrand säumen die Hauptkirche Rheydt und ein grünes Plateau. Sitzelemente aus Beton mit Holzauflagen fassen den eigentlichen Marktplatz, der als Intarsie aus Natursteinpflaster angelegt ist. Immer wieder durchbrechen Stufen die langen Sitzelemente. Auch Zugänge zur Tiefgarage sind in diese Platzkante integriert. Die Platzfläche selbst bleibt – abgesehen von einem runden Brunnen vor dem Rathaus am Südrand – frei für die Marktnutzung.

Ansicht vom Rathaus

Inside-Out: Der Anger

Katharina-Boll-Dornberger-Straße
12489 Berlin

Fläche
2.300 m²

**hutterreimann
Landschaftsarchitektur GmbH**
www.hr-c.net

Bauherrin: Adlershof Projekt GmbH, Entwicklungsträger als Treuhänder des Landes Berlin

Südlicher Teil

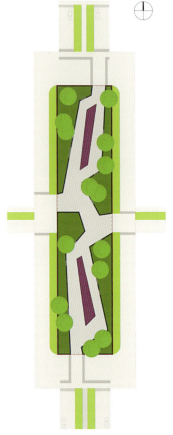

Plan

Neuanlage einer öffentlichen Freifläche im künftigen Quartier „Wohnen am Campus" in Berlin-Adlershof. Der Anger – auf halbem Weg zwischen Landschaftspark Adlershof und dem urbanen Zentrum der Wissenschaftsstadt gelegen – ist halb Garten, halb Platz. Unregelmäßige Pflanzbeete umgeben zwei Platzflächen aus abgestreutem Asphalt im Zentrum der Anlage. Sitzmauern bilden die Kanten der erhöhten Beete. Der Pflanzenbewuchs trennt die Platzflächen im Inneren als kommunikativen Ort von den Straßen, die den Anger auf vier Seiten umgeben. Als Gehölz wurden Blaseneschen (Koelreuteria paniculata) gepflanzt. Auch die Beetflor besteht aus robusten, trockenheitsresistenten Arten, um den Pflegeaufwand zu minimieren. Auf den Baufeldern rings um den Anger entstehen Wohnhäuser, teils als Stadthäuser, teils im Geschosswohnungsbau.

Nördlicher Teil

Stadtumbau und Remspark

73525 Schwäbisch Gmünd
Fläche 146.000 m²
Steffan Robel · A24 Landschaft Landschaftsarchitektur GmbH
www.a24-landschaft.de
Bauherrin: Landesgartenschau Schwäbisch Gmünd 2014 GmbH

Plan

Neuordnung der Stadt und ihrer Freiräume im Zuge der Landesgartenschau 2014. Das Projekt hat neue Sichtachsen geschaffen, historische Stadtstrukturen freigelegt und das Freiraumsystem ergänzt und erweitert. Möglich wurde das, weil die stark befahrene B 29 in einen Tunnel unter der Altstadt verlegt wurde. Unweit des Bahnhofs wurde die Mündung des Josefsbachs in die Rems freigelegt, die bislang unter einer vierspurigen Brücke versteckt war. Die Anhebung der Gewässersohlen um bis zu vier Meter und eine Abflachung der steilen Ufer haben beide Gewässer ins Blickfeld geholt. Der Remspark bindet überarbeitete Grünräume wie den ursprünglich barocken Stadtgarten ein und erweitert sie um neue Komponenten wie die grüne Promenade am Josefsbach, den neu gestalteten Bahnhofsvorplatz, einen von Gingkobäumen gesäumten Boulevard oder den Jugendspielbereich im Gleispark hinter dem Bahnhof.

Remsterrassen an der Mündung des Josefsbachs (oben), Promenade am Josefsbach (unten links), Stadtgarten (unten rechts)

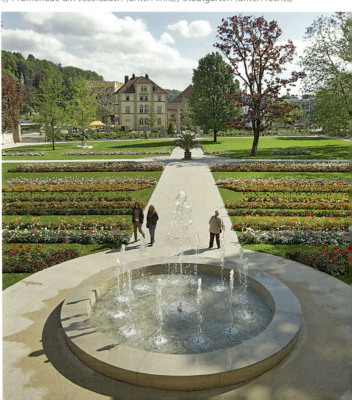

Spreehafen IBA Hamburg 2013

Hafenrandstraße
20457 Hamburg

Fläche
16.000 m²

TOPOTEK 1
Martin Rein-Cano, Lorenz Dexler
www.topotek1.de

Bauherren: IBA Hamburg GmbH /
Freie Hansestadt Hamburg, Landesbetrieb
Straßen, Brücken und Gewässer

Deichtreppe am Spreehafenplatz

Deichtreppe

Neugestaltung eines Platzes am Wasser und mehrerer Deichquerungen als Projekt der IBA Hamburg in Wilhelmsburg. An drei Stellen führen neue Treppen von der Hafenrandstraße über den Klütjenfelder Hauptdeich. Sie verbinden die Uferzone des Spreehafens mit den südlich davon gelegenen Wohnquartieren. Zwei neue Rampen erlauben es, den Deich auch mit dem Fahrrad zu queren. Die wichtigste der drei Treppen entstand am Spreehafenknie. Sie führt direkt zum Spreehafenplatz. Wird er als Festplatz genutzt, kann die Treppe mit ihren Sitzstufen als Tribüne dienen. Zwei Reihen signalgelber Bänke mit wechselseitiger Lehne öffnen wahlweise den Blick aufs Wasser oder auf den Platz und unterstreichen damit, dass der Platz auch ein Ort an und in der Natur ist.

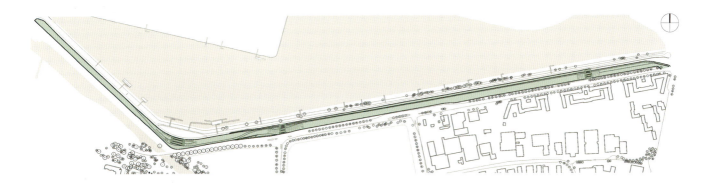

Bänke mit Wechsellehne (oben), Plan (unten)

62 Freiraum 163

Energieberg Georgswerder

Fiskalische Straße 2
21109 Hamburg

Fläche
110.000 m²

Häfner/Jimenez · Winfried Häfner, Jens Betcke, Thomas Jarosch
www.haefner-jimenez.de

Bauherrin: Behörde für Stadtentwicklung und Umwelt, Hamburg (gefördert durch den Europäischen Fonds für regionale Entwicklung EFRE)

Plan

Erschließung einer 1979 stillgelegten Mülldeponie als Erholungsraum und Aussichtspunkt. Der Energieberg liegt auf der Hamburger Elbinsel und ist ein Projekt der IBA Hamburg 2013. Ziel war es, in die Substanz des ‚technischen Bauwerks Berg' so wenig wie möglich einzugreifen. Dominierendes Element ist der Horizontweg: eine aufgeständerte Promenadenbrücke, die den Gipfel des Bergs umrundet. Nachts wird das Geländer des Bauwerks beleuchtet, das so als Landmarke weithin sichtbar ist. Der Strom für die Beleuchtung wird je nach Windstärke durch die Windkraftanlage auf dem Berg erzeugt. Ein barrierefreier Serpentinenweg und ein direkter Treppenweg führen vom Fuß des Berges hinauf zu der Steganlage.

Treppe zum Gipfel

Horizontweg (oben), Blick vom Horizontweg zur City (unten)

Uwe Aulich

Was lange währt
Das Umfeld des Berliner Hauptbahnhofs gewinnt Kontur

Sein und Schein:
Hotels am Bahnhof (links), Visualisierung der Europacity auf einer Bautafel (oben)

Riesige Glasflächen, dicke Säulen, mächtige Stahlträger – der Berliner Hauptbahnhof zählt noch immer zu den beeindruckenden Bauwerken der Hauptstadt. 2006 zur Fußball-Weltmeisterschaft eröffnet, stand der Koloss damals mitten in einer Sandwüste. Das Umfeld wirkt auch Jahre später nicht besonders einladend. Zwar sind auf einigen Brachflächen die ersten Häuser fertig, doch das Areal gleicht noch immer einer ungastlichen Baustelle. Statt schicker Fassaden beherrschen Baukräne die Szenerie, Touristen und Touristinnen irren zwischen Bauzäunen hin und her, Bagger türmen immer neue Sandberge auf.

Der Hauptbahnhof, flankiert von zwei großen Plätzen, dem Washingtonplatz im Süden und dem Europaplatz im Norden, soll einmal das Herzstück der Europacity sein. 40 Hektar ist das Gebiet groß und erstreckt sich von der Spree am Bundeskanzleramt bis zur Perleberger Brücke in Moabit. Ursprünglich war der Begriff Europacity auf den nördlichen Teil beschränkt. Mittlerweile wird aber immer häufiger auch das Quartier südlich des Bahnhofs einbezogen. Zusammen bilden sie das größte innerstädtische Entwicklungsgebiet Berlins. Für mehrere Milliarden Euro sollen hier neue Stadtquartiere mit Konzernzentralen, Hotels, Büro- und Geschäftshäusern sowie 2.000 bis 3.000 Wohnungen entstehen. Doch werden die Viertel auch lebens- und liebenswert sein? Werden sie die hohen Erwartungen an urbane, lebendige und vielfältige Stadtquartiere erfüllen, wie sie sich der Berliner Senat vorstellt? Zweifel sind angebracht, auch wenn die Entwicklung erst begonnen hat und noch wenigstens zehn Jahre dauern wird. Wer etwa aus dem Bahnhof auf den Washingtonplatz heraustritt, den erwartet keine quirlige Metropole, sondern eine endlose Granitfläche. Sicher, der Blick auf Reichstagskuppel und Kanzleramt ist schön und unverstellt, doch der Platz selbst lädt – abgesehen vom Pavillon-Restaurant Allermunde – nicht dazu ein, sich hier länger aufzuhalten. Selbst die Sitzgelegenheiten sind aus kaltem, abweisendem Stein.

Auch die ersten Häuser haben an dem eher trostlosen Anschein nichts geändert. Im Frühjahr 2014 eröffnete an der westlichen Platzkante das Vier-Sterne-Superior Steigenberger Hotel Am Kanzleramt, das nach einem Entwurf des Berliner Architekturbüros Ortner & Ortner errichtet wurde. Das Haus verdeckt nun einen Großteil des Hotels Meininger, das wegen seiner billig wirkenden Fassade nicht nur von Bahnhofsarchitekt Meinhard von Gerkan kritisiert wurde. Steigenberger betreibt zudem das dahinter liegende Intercity-Hotel. Läden in den Erdgeschossen oder gar Cafés, die zur Belebung des Platzes beitragen könnten, fehlen bislang. Das Erscheinungsbild ist eintönig, weil 1994 nach einem städtebaulichen Entwurf von O. M. Ungers gleichförmige Blockstrukturen festgelegt wurden. Die strenge Gliederung erinnert zwar an alte Berliner Bautradition, ist aber weniger auf ein lebendiges Stadtviertel ausgerichtet als vielmehr auf gute Vermarktbarkeit.

Den Architekten am Washingtonplatz blieb daher nur wenig Spielraum. Ortner & Ortner versuchen mit versetzt angeordneten Panoramafenstern etwas Spannung zu erzeugen. Beim John-F.-Kennedy-Haus nebenan haben Auer Weber Architekten aus München teilweise Loggien vor den Büros platziert. Gebaut wird das Büro- und Geschäftshaus

vom österreichischen Unternehmen CA Immo, das neben der Deutschen Bahn Haupteigentümer von Grundstücken in der Europacity ist. In das Kennedy-Haus werden 2015 die Anwaltssozietät White & Case LLP und der Immobiliendienstleister Jones Lang LaSalle einziehen. Auf einem weiteren Grundstück hat die Hamburger Becken-Gruppe damit begonnen, nach Plänen des Büros Barkow Leibinger ein ebenfalls neunstöckiges Bürogebäude zu errichten. Innerhalb des kleinen Geschäftsviertels können die Architekten mit anderthalb Meter großen Vor- und Rücksprüngen in den Fassaden arbeiten. So soll der Eindruck entstehen, dass die Gebäude miteinander korrespondieren. Das sorgt für Auflockerung, kann aber nicht darüber hinwegtäuschen, dass die Häuser isoliert voneinander stehen.

Berlins Senatsbaudirektorin Regula Lüscher lobt dennoch die Qualität des Bahnhofsviertels. Sie folgt der Idee, dass der Hauptbahnhof architektonisch keine Konkurrenz braucht und die Gebäude ringsherum sich unterordnen müssen. Lüscher wagt sogar einen musikalischen Vergleich: Der Bahnhof aus Glas und Stahl sei der Solist, das Gebäudeensemble mit seiner strengen und steinernen Architektur der Chor. Mit dem Ergebnis, dass den Häusern Persönlichkeit und dem Viertel die dringend nötige Lebendigkeit fehlt.

Helle Fassaden, strenge Gliederung – wer nach spektakulärer Architektur sucht, wird auch nördlich des Hauptbahnhofs nicht fündig. Zwar weisen die Straßenschilder neben dem Humboldthafen, an dessen Ufer im Spätsommer 2014 noch eine Strandbar für Flair sorgt, den Europaplatz aus, doch den gibt es vorerst nur auf dem Papier. Baustelle reiht sich an Baustelle. Von einer Bahnhofsterrasse blickt man an abgestellten Fahrrädern vorbei geradewegs in die Baugrube der neuen S-Bahnlinie 21, die frühestens 2019 vom nördlichen S-Bahn-Ring zum Hauptbahnhof führen soll. Auch die Haltestelle für die neue Straßenbahnstrecke durch die Invalidenstraße ist erst im Entstehen. Sie soll den Hauptbahnhof mit seinen mehr als 300.000 Fahrgästen täglich besser an das öffentliche Nahverkehrsnetz anschließen.

Uwe Aulich

Hunger auf Stadt:
Imbisszeile vor dem Tour Total (links),
Zirkus an der Heidestraße (rechts)

In Sichtweite des Bahnhofs ragt erst ein neues Haus in die Höhe: der Tour Total an der Heidestraße – ein 69 Meter hoher Turm, der für den französischen Mineralölkonzern Total errichtet wurde. Er steht seit gut zwei Jahren im Niemandsland. Auf den ersten Blick wirkt das Haus der Architekten Regine Leibinger und Frank Barkow monoton. Wer es länger auf sich wirken lässt, entdeckt, dass die verschieden profilierten Betonfertigteile zwischen den Fenstern je nach Blickrichtung und Sonneneinstrahlung für ein Spiel aus Licht und Schatten sorgen. Wie der Tour Total wird aber auch das sechsgeschossige Bürogebäude für den Finanzberater MLP nebenan introvertiert gebaut. Ein Anziehungspunkt für Berlinbesucher und -besucherinnen sind die beiden Häuser nicht.

Das könnte am Kunstcampus anders werden. Kunstcampus wird das Gelände hinter dem Hamburger Bahnhof genannt, einem Ausstellungsort für zeitgenössische Kunst. Von Beginn an hat die CA Immo Wert darauf gelegt, dieses Areal, das 15 Prozent der Europacity ausmacht, als Kulturstandort zu entwickeln.

Diesen Gedanken greifen die neuen Grundstückseigentümer auf. Sie haben verabredet, die Erdgeschosse für Kunst und Kultur zu nutzen und 20 bis 25 Galerien und Ateliers vorzusehen. Der Berliner Projektentwickler Klaus Groth bezeichnet den Kunstcampus am Berlin-Spandauer-Schifffahrtskanal schon als Juwel der Europacity. Und Senatsbaudirektorin Lüscher hat die Hoffnung, dass die neuen Gebäude wie Perlen am Wasser stehen werden.

Angesichts der umgewühlten Sandflächen auf dem früheren Bahngelände gehört eine große Portion Phantasie dazu, sich diese Kunstperlen vorzustellen. Zumindest die Edel AG aus Hamburg, die mit CD-Produktionen und Buchverlagen in der Medienbranche tätig ist, will mit einem spektakulären Auftritt überraschen. Für ihre Berliner Niederlassung weicht sie von der üblichen Klötzchenbauweise ab und plant ein futuristisches Gebäude mit einem 18 Meter hohen Atrium. Die Idee des Hamburger Architekten Carsten Roth, die Etagen des Kunsthauses scheibenartig zu verdrehen, ist zwar nicht neu, im oft biederen Berlin aber bemerkenswert.

Für die Ateliers in seinem Apartmenthaus hat Projektentwickler Groth bereits Anfragen von Ausstellungsleuten und Kunsthändlerinnen und -händlern aus New York, Shanghai und Singapur. Das Gebäude mit 120 teuren Eigentumswohnungen über der Galerieebene lässt Groth vom Berliner Büro Léon Wohlhage Wernik bauen. Mit vor- und zurückspringenden Balkonen wirkt die Fassade dynamisch. Ein Hingucker könnte auch die Konzernzentrale des Stromnetzbetreibers 50Hertz werden. Der Bau gegenüber vom Tour Total hat gerade begonnen; den 50 Meter hohen Komplex hat das Büro LOVE architecture aus Graz entworfen. Die V-förmigen Stützen in der Fassade sind als Reminiszenz an den Netzbetreiber gedacht und sollen an Sinuskurven erinnern.

Den dreieckigen Platz zwischen den Campus-Häusern will CA Immo als Treffpunkt für kunstliebende Besucher und Besucherinnen gestalten. Ausgewählt wurde dafür das Berliner Büro relais Landschaftsarchitekten. Inmitten der Steinwüste sehen sie einen Baumhain auf einer Rasenfläche vor. relais Landschaftsarchitekten sind so etwas wie die Grünspezialisten in der Europacity. Sie haben 2011 einen Freiflächenwettbewerb für sich entschieden. Die Wasserlage sehen sie als Vorzug. Am Schifffahrtskanal gestalten sie eine bis zu 30 Meter breite Uferpromenade mit Sitznischen und Holzbänken. Zudem will der Senat zwei Brücken über den Kanal für den Fuß- und Fahrradverkehr errichten.

Doch was nutzen die schönsten Ideen, wenn Berlin sie nicht verwirklicht? Der Masterplan für die Europacity, den die Arbeitsgemeinschaft KCAP/ASTOC und Studio Urban Catalyst 2008 zusammen mit Senat, CA Immo und Deutscher Bahn erarbeitet hatte, sah am Kanal einen Stadthafen als Zentrum eines Wohngebiets vor. 40 Meter breit und 100 Meter lang sollte das Wasserbecken sein. An Holzstegen sollten die Menschen hier flanieren, von Schiffsanlegern wurde geschwärmt. Das bleibt ein Traum: Weil der Senat

keine Finanzierung für das zehn Millionen Euro teure Projekt fand, wird auf den Stadthafen einfach verzichtet. Stattdessen entsteht wieder nur ein steinerner Platz. Obwohl der Senat hochwertige öffentliche Räume propagiert und fordert, scheut er hier eigene Investitionen. Berlin vergibt eine Chance.

Trotzdem sollen die ersten Wohnhäuser mit 520 von 1.400 Wohnungen zwischen Schifffahrtskanal und Heidestraße 2016 fertig sein. Bei dem 100 Millionen Euro teuren Vorhaben nördlich des Kunstcampus kooperiert CA Immo mit dem Unternehmen Hamburg Team. Die alten Bahnanlagen sind abgeräumt und die ersten Straßen asphaltiert, die auch hier gleichförmige Baublöcke markieren. Für die Gestaltung der Häuser zeichnen nach einem Wettbewerb für einen Block zanderroth architekten und für einen weiteren Max Dudler verantwortlich. Sie mussten sich dem strengen Raster des Masterplans unterordnen. Zwar betonen die Investierenden, angesichts der Debatte um bezahlbaren Wohnraum in der City auch preiswerte Mietwohnungen anzubieten. Bei Kaltmieten knapp unter zehn Euro pro Quadratmeter kann man von einer tatsächlichen sozialen Mischung aber nicht sprechen. Vielmehr ist der Wohnungsneubau wie auch die Gestaltung der Anlage eher auf eine optimale wirtschaftliche Verwertung ausgerichtet. 350 Eigentumswohnungen sollen ab 3.000 Euro pro Quadratmeter verkauft werden. Die Heidestraße selbst sollte man aktuell lieber meiden – gleich, ob man mit dem Auto, dem Rad oder zu Fuß unterwegs ist. Das Teilstück der Bundesstraße 96 ist ebenfalls Baustelle. Fast täglich gibt es Stau. Die Straße wird vom Senat zum zentralen Boulevard der Europacity ausgebaut. Ob angesichts der Verkehrsbelastung ein attraktiver Boulevard zum Shoppen und Verweilen entstehen kann, ist fraglich. Zumindest sollen in den Erdgeschossen an der Straße Boutiquen und Läden für die Nahversorgung Raum finden.

Wie das Gebiet westlich der Heidestraße entwickelt wird, ist unklar. Es befindet sich größtenteils im Besitz der Deutschen Bahn. Büros und Wohnungen sind geplant, ähnlich wie am Europaplatz können an der Perleberger Brücke Hochhäuser errichtet werden. Die Deutsche Bahn hegt aber keine Ambitionen, selbst zu investieren. Sobald Baurecht besteht, will sie ihre Flächen verkaufen.

Tatsächlich nimmt die Europacity erste Konturen an. Doch die Entwicklung folgt immer dem gleichen Muster: Abstecken von Grundstücken, Investorensuche, Verkauf, schließlich der Bau. Natürlich ist das Bahnhofsviertel prädestiniert für Hotels und Firmenniederlassungen. Doch die Insellage wird verstärkt,

weil auch beim Wohnungsneubau zuerst die lukrativen Gewinnmöglichkeiten Antrieb für die Investierenden sind. Soziale Aspekte bleiben bisher auf der Strecke. Doch gerade bezahlbaren Wohnraum fordert der Senat angesichts wachsender Bevölkerungszahlen. Bis 2030 werden nach aktuellen Prognosen 250.000 Menschen neu nach Berlin ziehen. Nur wird über Genossenschaftsmodelle, Baugruppen, altersgerechtes Wohnen und attraktive Freizeitmöglichkeiten für die Europacity bisher nicht diskutiert. So entsteht eine Retortenstadt, der am Ende jede Fröhlichkeit, Attraktivität und Verbindung zum übrigen Stadtgebiet fehlen könnte.

Aufkeimende Urbanität im Süden (links), brach liegende Bahnflächen am Nordrand der Europacity (rechts oben) Angekommen in der Collage: Touristen vor der Reichstagskuppel, ratlos (rechts unten)

Vom städtebaulichen Wettbewerb zum Bebauungsplan

16540 Hohen Neuendorf   Plangebiet 80.000 m²   **TOPOS Stadtplanung** Landschaftsplanung Stadtforschung www.topos-planung.de   Bauherrin: Stadt Hohen Neuendorf

Öffentliche Beteiligung zum Bebauungsplan Wildbergplatz

Variantenplanung

Neuplanung des Stadtzentrums. Der Entwurf verknüpft vorhandene Standorte von Verwaltung und Einzelhandel, ein neues Mischgebiet und die umliegenden Viertel zu einem Ensemble. Ein neues Freiraumsystem verbindet es mit dem alten Stadtkern. Hauptelemente sind eine Fuß- und Radpromenade auf der im östlichen Teil verkehrsberuhigten Triftstraße und ein neuer Stadtplatz zwischen Rathaus, geplantem Bürgerzentrum und einem großen Einkaufsmarkt. Neue Büro- und Dienstleistungsbauten fassen den Platz und den Markt und definieren Blockränder zur Straße. Auch das bisher praktisch unbebaute Rasendreieck des Wildbergplatzes wird als Mischgebiet baulich gefasst. Welche Form diese Bebauung haben soll, wurde in einer Variantenplanung konkretisiert.

Konzept (oben), Rathausplatz Bestand (unten links) und Planung (unten rechts)

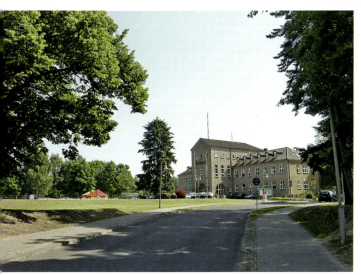

Modellquartier Neckarbogen

74072 HeilbronnPlangebiet 180.000 m²**Machleidt GmbH (Federführung im interdisziplinären Projektteam)** www.machleidt.deAuftraggeber: Stadt Heilbronn, Planungs- und Baurechtsamt

Blick von der Nordspitze des Stadtsees (oben), Gestaltplan (rechts)

Konzeptebenen 1. Bauabschnitt: Mobilität, Privatgärten/Höfe, Dachgärten, Haustypen, Vergabe

Fortschreibung der Rahmenplanung für eine Bahnkonversionsfläche am Fluss. Das Projekt ist Ergebnis intensiver Planungsdialoge zwischen Stadt, Fachplanern, Politik und Bürgerinnen und Bürgern. Der Neckarbogen, ein Kernvorhaben des Stadtumbaus am Neckar, wird zum Modell nachhaltiger Verdichtung: Die Dreiecksfigur der Bebauung und die identitätsstiftenden Wasserflächen des ursprünglichen Plans von 2010 blieben als robuster Rahmen erhalten, die Einwohnerzahl hat sich indes auf nun über 3.000 Menschen etwa verdoppelt. Eine enge Vernetzung mit den Nachbarquartieren generiert Mehrwert für die ganze Stadt. Das Areal bietet die Chance, Themen der Energieeffizienz in Einklang mit der „Stadt der kurzen Wege" zu bringen. Vorgaben zu Entwicklung und Vergabe sichern eine qualitätsvolle Mischung auf den Ebenen der Nutzungen, der Haustypen, der Eigentumsformen und der Trägerschaft. Die ersten Bauten sollen zur BUGA 2019 fertig sein und Teil der Ausstellung werden.

- – – Abgrenzung 1. Bauabschnitt
- ─── Beabsichtigte Parzellierung
- - - - Flexible Parzelleneinteilung
- Reservierung für Baugruppen/Baugemeinschaften (Einzelgrundstück)
- Interessenbekundungsverfahren für Immobilienentwickler (Einzelgrundstücke)
- Investorenauswahlverfahren mit integriertem Realisierungswettbewerb für einen Investor
- Quartierstiefgarage

da! Architektur in und aus Berlin (oben), Architektur im Film (unten links) und Stadt im Gespräch (unten rechts)

www.ak-berlin.de

Öffentlichkeit trifft Baukultur
Ausgewählte Angebote der Architektenkammer Berlin

Die Architektenkammer Berlin besteht seit 1985. Gebildet wird sie von rund 8.100 Mitgliedern aus Architektur, Innenarchitektur, Landschaftsarchitektur und Stadtplanung.

Vielfältige Aktivitäten machen es Architekturinteressierten einfach, mit diesen Fachleuten ins Gespräch zu kommen. Und sie bieten Bauwilligen vielfache Chancen, das Büro zu finden, das zu ihnen passt:

da! Architektur in und aus Berlin – Die Ausstellung präsentiert jährlich im Februar/März ausgewählte Projekte Berliner Architektur- und Planungsbüros. da! hat sich als Branchentreff etabliert. Ausgerichtet wird die Ausstellung in Kooperation mit dem stilwerk Berlin in der Kantstraße. Herzlichen Dank für die langjährige, gute Zusammenarbeit und freundliche Unterstützung!

Architektur Berlin | Baukultur in und aus der Hauptstadt – Das Jahrbuch begleitet die Ausstellung da!. Es dokumentiert seit 1992, wie erfolgreich, vielschichtig und international die Architektur ist, die in Berlin entsteht. Seit 2012 erscheint das Buch auf Deutsch und auf Englisch.

Standort in der Alten Jakobstraße (oben), App zum Tag der Architektur (unten)

Tag der Architektur – Das bundesweite Aktionswochenende lädt jedes Jahr Ende Juni dazu ein, bei Führungen fertige Bauten und Freiräume zu erkunden oder die Räume teilnehmender Büros zu besuchen. Das Programm mit den Terminen aller Bundesländer gibt es im Internet unter www.tag-der-architektur.de oder als App für Smartphone und Tablet.

Stadt im Gespräch – Die Veranstaltungsreihe in der Urania lädt regelmäßig dazu ein, über aktuelle Themen der Stadtplanung zu diskutieren.

Architektur im Film – Die Reihe präsentiert in Kooperation mit Berliner Kinos Filme und Führungen zur Architektur.

Weitere Informationen, aktuelle Hinweise und ein Archiv aller Projekte der Ausstellung da! seit 2002 finden Sie auf www.ak-berlin.de.

Oder rufen Sie uns an! Wir freuen uns darauf.

Architektenkammer Berlin
Referat Medien- und Öffentlichkeitsarbeit
Alte Jakobstraße 149, 10969 Berlin
Telefon (030) 29 33 07 - 0
kammer@ak-berlin.de

Die Bestseller 2014

The Box
Architectural Solutions with Containers
ISBN 978-3-03768-173-2
€ 49,90 (D)

Masterpieces:
Bungalow Architecture + Design
ISBN 978-3-03768-145-9
€ 44,90 (D)

Bamboo
Architecture & Design
ISBN 978-3-03768-182-4
€ 39,90 (D)

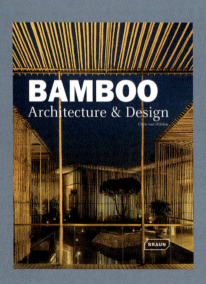

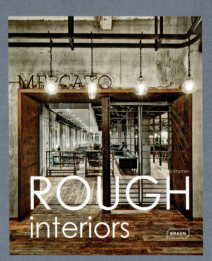

Rough Interiors
ISBN 978-3-03768-157-2
€ 44,90 (D)

www.braun-publishing.ch

niggli

architektur   design   typografie

Der Eckgrundriss. Stadthäuser.
Bücher zur Stadtbaukunst Band 2
ISBN 978-3-7212-0824-5
€ 22,50 (D)

Holz: Stoff oder Form.
Transformation einer Konstruktionslogik
ISBN 978-3-7212-0904-4
€ 62,00 (D)

Klaus Vogt. Protagonist der
Schweizer Wohnkultur
ISBN 978-3-7212-0916-7
€ 38,00 (D)

Zeichnen und Entwerfen
ISBN 978-3-7212-0319-6
€ 78,00 (D)

Frankfurt 1950–1959.
Architekturführer
ISBN 978-3-7212-0906-8
€ 29,80 (D)

Ulrich Müther. Schalenbauten in
Mecklenburg-Vorpommern
ISBN 978-3-7212-0662-3
€ 25,00 (D)

www.niggli.ch

Architektinnen und Architekten

A Steffan Robel · A24 Landschaft
Landschaftsarchitektur GmbH 160/161
archequipe – Freie Architekten
Sebastian Filla und Bartosz Czempiel 42/43
archiscape – Architekten und
Landschaftsarchitekten 128/129
Arnke Häntsch Mattmüller
Gesellschaft von Architekten mbH 118/119
atelier für raumfragen! 57
Auer Weber Architekten 167

B Barkow Leibinger 168, 169
BOLWIN | WULF Architekten und
Sabine Krischan Architektin 86/87
Bräunlin + Kolb Architekten Ingenieure GbR 76/77
Bruno Fioretti Marquez 131–132
BRUZKUS BATEK 68/69
büro 1.0 architektur+ 12, 18/19

C CGA Caba Groszek Architekci 112
Tancredi Capatti, Matthias Staubach 150/151
David Chipperfield 131

D Jason Danziger thinkbuild architecture 104/105
DMSW architektur 12, 20/21
marc benjamin drewes ARCHITEKTUREN
mit Jeong-Hoon Kim 62/63
DS Landschapsarchitecten 143
Max Dudler 170

E Elwardt & Lattermann Architekten 60/61
EYRICH-HERTWECK ARCHITEKTEN 34/35

F FAT KOEHL Architekten 12
Fugmann Janotta 145

G Frank Gehry 85
Christophe Girot 143
Glass Kramer Löbbert Architekten BDA
Johannes Löbbert / Johan Kramer mit
Prof. Uta Graff Architektin BDA 126/127
gmp · Architekten von
Gerkan, Marg und Partner 111, 132, 167
Goderbauer Architects 30/31
Walter Gropius 131–133
Grüntuch Ernst Architekten 112/113

H Häfner/Jimenez ·
Winfried Häfner, Jens Betcke, Thomas Jarosch 164/165
Heike Hanada mit Benedict Tonon 132–133
Peter Hapke und Andreas Zerr 58/59
Helm Westhaus 11, 40/41
Henningsen Landschaftsarchitekten BDLA
mit olaf beckert architektur + denkmalpflege 148/149
hildebrandt.lay.architekten 32/33
hks | architekten 128/129
Stephan Höhne Gesellschaft von Architekten mbH 26/27
Ludwig Hoffmann 122
HOIDN WANG PARTNER
Barbara Hoidn, Wilfried Wang 120/121
hutterreimann Landschaftsarchitektur GmbH 158/159

J Guntram Jankowski 10, 36/37

K Kaden Klingbeil 10
Kaden + Partner 28/29
KCAP/ASTOC und Studio Urban Catalyst 169
Diébédo Francis Kéré 97–99
Kleihues + Kleihues
Gesellschaft von Architekten mbH 70/71
kleyer.koblitz.letzel.freivogel
gesellschaft von architekten mbH 116/117
Hans Kollhoff 85
KSV Krüger Schuberth Vandreike
Planung und Kommunikation GmbH 84–85, 114/115

L Anne Lampen Architekten BDA 11, 46/47
Gustav Lange 144
Lehmann Architekten 134/135
Lehrecke Witschurke Architekten 100/101
LÉON WOHLHAGE WERNIK, ... 72/73, 169
Levin Monsigny Landschaftsarchitekten 111
LOVE architecture 169
Lützow 7 – C.Müller J.Wehberg
Garten- und Landschaftsarchitekten 154/155

M Machleidt GmbH 174/175
Maedebach & Redeleit
Gesellschaft von Architekten mbH 64/65
HG Merz GmbH 140/141
Michels Architekturbüro GmbH 9, 14/15
Ludwig Mies van der Rohe 132
Büro Thomas Müller 78/79
Müller-Stüler und Höll Architekten 138/139

N	Hon.Prof. Johanne Nalbach, Nalbach + Nalbach Ges. von Architekten 50/51	**W**	WAF Architekten 52/53, 74/75
	nps tchoban voss 83		walk | architekten 13, 22/23
	Numrich Albrecht Klumpp Gesellschaft von Architekten mbH 106/107, 122/123, 124/125		Georg Wasmer 13
			werk A architektur 11, 38/39
O	Ortner & Ortner Baukunst 167	**Z**	Atelier Zafari 16/17
P	Manfred Pechtold Dipl.-Ing. Architekt BDA 83		zanderroth architekten 24/25, 170
	Planorama Landschaftsarchitektur 156/157		ZappeArchitekten 108/109
	Hans Poelzig 76, 152		2D+ | 2Dplus Architekten Markus Bonauer 11, 44/45
	PSP Architekten 83		
R	raumzeit Gesellschaft von Architekten mbH ... 90/91, 92/93		
	relais Landschaftsarchitekten 169		
	roedig . schop architekten 12, 20/21		
	Aldo Rossi 84		
	Roswag Architekten Gesellschaft von Architekten mbH 9, 10, 36/37, 97–99		
	Carsten Roth Architekten 169		
S	SANAA 133		
	Sauerzapfe Architekten 94/95		
	Peter W. Schmidt Architekt BDA 80/81		
	Ingo Schrader Architekt BDA 88/89		
	SMAP Seeger Müller Architekten Partnerschaft ... 13, 22/23		
	Josep Lluís Sert 133		
	sieglundalbert architekten 12, 20/21		
	sinai | Gesellschaft von Landschaftsarchitekten 145		
	Staab Architekten 111–112		
	Stahl Denninger Planungsgesellschaft GmbH & Co. KG 13, 18/19		
	steiner.ag – Arbeitsgemeinschaft für Architektur und Design · Prof. Jürg Steiner 136/137		
	Steinhilber Plus 13		
	STP Architekten 66/67		
T	töpfer.bertuleit.architekten 48/49		
	TOPOS Stadtplanung Landschaftsplanung Stadtforschung 152/153, 172/173		
	TOPOTEK 1 Martin Rein-Cano, Lorenz Dexler 162/163		
U	O. M. Ungers 167		
V	Veauthier Meyer Architekten 102/103		
	Vogt Landschaftsarchitekten 133		

Autorinnen und Autoren

Uwe Aulich
Jg. 1965, Studium der Journalistik in Leipzig. Seit 1990 Redakteur im Ressort Berlin-Brandenburg der Berliner Zeitung mit den Themenschwerpunkten Bauen, Immobilien, Stadtentwicklung und Politik

Louis Back
Jg. 1963, Studium der Kommunikations- und Kulturwissenschaften in München und Detroit, freier Autor und Fachredakteur mit den Schwerpunkten Architektur, Umwelt und Stadtentwicklung, seit 2007 Redakteur des Jahrbuchs Architektur Berlin

Cornelia Dörries
Jg. 1969, Studium der Soziologie in Berlin und Manchester. Freie Journalistin und Buchautorin zu den Themen Architektur, Innen- und Landschaftsarchitektur, Stadtentwicklung und Stadtgeschichte, seit 2010 Redakteurin des Deutschen Architektenblatts

Simone Hübener
Jg. 1980, Dipl.-Ing., Studium der Architektur in Karlsruhe und Rom. Arbeitet als freie Architekturjournalistin für Fachzeitschriften und Buchverlage, seit 2010 Geschäftsführerin und seit 2015 Vorsitzende des gemeinnützigen Vereins architekturbild e. v.

Friederike Meyer
Jg. 1972, Studium der Architektur in Aachen und Seattle, Kunstgeschichte in Dresden, Journalistenschule in Berlin. Seit 2000 Redakteurin der Bauwelt; schreibt über Architektur und Stadtentwicklung für Zeitschriften und Bücher.

Constanze A. Petrow
Jg. 1971, Dr.-Ing., Studium der Landschaftsplanung an der TU Berlin, seit 2001 freie Fachjournalistin neben der Tätigkeit in Lehre und Forschung im Fachgebiet Landschaftsarchitektur und Freiraumplanung an der Bauhaus-Universität Weimar, der Virginia Tech in Washington D.C. und seit 2009 an der TU Darmstadt

Stefan Strauß
Jg. 1968, Diplom-Medienberater, Studium der Politikwissenschaften an der Humboldt-Universität und Medienberatung an der Technischen Universität Berlin, Redakteur der Berliner Zeitung, berichtet über Politik und Kultur aus Berlin

Michael Zajonz
Jg. 1966, Studium der Kunstgeschichte und Neueren Geschichte. Seit 1999 freier Autor und Journalist (u. a. für den Tagesspiegel) mit den Schwerpunkten Architektur, Denkmalpflege, Bildende Kunst und Kulturgeschichte

Fotos

Atelier Altenkirch: S. 120, 121 – **Markus Altmann**: S. 30, 31 – **Mark Asipowicz**: S. 52, 53, 74, 75 – **Aviel Avdar**: S. 17 (oben) – **Louis Back**: S. 85 (unten) – **Bauhaus-Archiv/Karsten Hintz**: S. 131 – **Olaf Beckert**: S. 148, 149 (unten) – **Hannes Bieger**: S. 62, 63 – **Bielefeld Marketing**: S. 154 (unten) – **Jan Bitter**: S. 110 – **Michael Bölling**: S. 9, 12, 45 (unten links u. rechts) – **Ilka Bona**: S. 114 (unten) – **Bernd Borchardt**: S. 28, 29 – **Bräunlin + Kolb**: S. 76 (links), 77 (unten) – **capatti staubach**: S. 150 (unten) – **Christian Dammert**: S. 16 (oben links, unten links u. rechts), 17 (unten) – **Kerstin Ehmer**: S. 86, 87 – **Ewaldt & Lattermann**: S. 60 (rechts) – **Barbara Franke**: S. 155 (unten) – **Matthias Friel**: S. 60 (links), 61 – **Malte Fuchs**: S. 36, 37 – **Christian Gahl**: S. 126, 127 – **Lon Godin**: S. 46, 47 – **Sebastian Greuer**: S. 79 – **Mila Hacke**: S. 100, 101 – **Frank Heinen**: S. 153 (oben) – **Tobias Hein**: S. 66 (links), 67 – **Jörg Hempel Photodesign**: S. 128, 129 – **Jens Henningsen**: S. 149 (oben) – **Emmanuel Heringer**: S. 10 (links u. Mitte) – **Anastasia Hermann**: S. 134, 135 – **Bernd Hiepe**: S. 94, 95, 140 (unten links, Mitte u. rechts), 141 (unten) – **Florian Höll**: S. 138, 139 – **Paula Holtz**: S. 98 – **Werner Huthmacher**: S. 14, 15, 16 (oben rechts), 18 (unten links), 64, 65, 90 (links), 91, 92, 93, 104, 105, 118, 119 – **Hanns Joosten**: S. 150 (oben), 151, 161, 162, 163, 164, 165 – **Francis Kéré**: S. 97, 99 (oben) – **Klassik Stiftung Weimar/Heike Hanada**: S. 133 – **Uli Klose**: S. 32, 33 – **Karel Kühne**: S. 44, 45 (oben) – **Christo Libuda/Lichtschwärmer**: S. 156, 157, 158, 159 – **Lützow 7**: S. 155 (oben) – **Jan Meier**: S. 114 (oben), 115 – **Udo Meinel**: S. 34, 35 – **Simon Menges**: S. 24, 25 – **Stefan Müller**: S. 8, 20, 21, 26, 27, 70, 71, 80, 81 – **Gernot Nalbach**: S. 50 (links u. oben rechts) – **Asaf Oren**: S. 50 (Mitte rechts), 51 – **Klemens Ortmeyer**: S. 102, 103 – **Erik-Jan Ouwerkerk**: S. 54, 55, 56, 57, 82, 83, 84 (oben), 85 (oben), 99 (unten), 142, 143, 144, 145, 146, 147, 154 (oben rechts), 166, 167, 168, 169, 170, 171 – **Antonio Paladino**: S. 40, 41 (unten rechts) – **Florian Profitlich**: S. 11, 41 (oben u. unten links) – **Raumzeit**: S. 90 (rechts) – **Christian Richters**: S. 72, 73, 116, 117 – **Christoph Rokitta**: S. 130, 132 – **Roswag Architekten**: S. 10 (rechts), 96 – **Lukas Roth**: S. 140 (oben), 141 (oben) – **Barbara Schmidt**: S. 76 (rechts), 77 (oben) – **Ingo Schrader**: S. 88, 89 – **Ulrich Schwarz**: S. 108, 109 – **Stjepan Sedlar**: S. 68, 69 – **Jan Siefke**: S. 111, 112 – **Uwe Spoering**: S. 78 – **Mel Steingröver**: S. 38, 39 – **Jürg Steiner**: S. 136, 137 – **Nina Straßgütl**: S. 106, 107, 122, 123, 124, 125 – **Kei Sugimoto**: S. 58 (links), 59 – **TAFYR**: S. 113 (oben) – **Wolfgang Thaeter**: S. 66 (rechts) – **töpfer.bertuleit.architekten**: S. 48, 49 – **TOPOS**: S. 152, 153 (unten), 173 – **Roland Unterbusch**: S. 42, 43 – **Thomas Voßbeck/photocultur.de**: S. 13, 22, 23 – **Michael Wrede**: S. 18 (oben u. unten Mitte), 19 – **Andreas Zerr/Peter Hapke**: S. 58 (rechts oben, Mitte u. unten)

Grundlage Plan Aufstandsflächen und freizuhaltende Leitungstrassen Humboldt-Box S. 84 (unten): Lahmeyer Berlin im Auftrag der Deutschen Stadt- und Grundstücksentwicklungsgesellschaft (DSK), Treuhänderischer Entwicklungsträger des Landes Berlin, 2008

„Le pigment de la lumière" von Olaf Nicolai S. 130: © courtesy Galerie EIGEN + ART Leipzig/Berlin / VG Bild-Kunst, Bonn 2014

Die Rechte für hier nicht aufgeführte Pläne, Grundrisse und andere grafische Darstellungen liegen beim jeweiligen Büro.

Die Deutsche Nationalbibliothek verzeichnet diese Publikation in der Deutschen Nationalbibliografie; detaillierte bibliografische Daten sind im Internet über http://dnb.dnb.de abrufbar.

ISBN 978-3-03768-187-9
ISSN 1439-927X

© 2015 Braun Publishing AG
Architektenkammer Berlin
Alle Rechte vorbehalten
Dieses Werk ist urheberrechtlich geschützt. Jede Verwendung außerhalb der engen Grenzen des Urheberrechtsgesetzes, der keine Berechtigung durch den Verlag erteilt wurde, ist unbefugt und strafbar. Dies gilt insbesondere für Vervielfältigungen, Übersetzungen, Mikroverfilmung und das Abspeichern oder die Verarbeitung in elektronischen Systemen.

1. Auflage 2015
Herausgegeben von der Architektenkammer Berlin

Projektauswahl
Dr.-Ing. Wolfgang Bachmann, Journalist, München
Dipl.-Ing. Johann Haidn, Innenarchitekt München
Ing. Ir. Pim Köther, Architekt, Amsterdam
Prof. Dipl.-Ing. Ulrike Lauber, Architektin, München
Prof. Dipl.-Ing. Heiko Lukas, Architekt, Saarbrücken
Dipl.-Ing. Heiner Luz, Landschaftsarchitekt, München
Dipl.-Ing. Juliane Schonauer, Stadtplanerin, Hannover

Redaktion
Louis Back (V.i.S.d.P.)

Redaktionelle Betreuung
Birgit Koch, Meike Capatti in Zusammenarbeit mit den Gremien der Architektenkammer Berlin

Satz/Layout
Ben Buschfeld, buschfeld.com - graphic and interface design

Alle Informationen in diesem Band wurden mit dem besten Gewissen der Redaktion zusammengestellt. Das Buch basiert auf den Informationen, die Verlag und Redaktion von den Architektinnen und Architekten erhielten und schließt jegliche Haftung aus. Der Verlag übernimmt keine Verantwortung für die Richtigkeit und Vollständigkeit sowie Urheberrechte und verweist auf die angegebenen Quellen (Architektinnen und Architekten). Alle Rechte an den Fotografien sind im Besitz der Fotografinnen und Fotografen (siehe Abbildungsnachweis).